読むだけで
授業が面白くなる

英語教師のための

前置詞

の教養
&
指導法

田中茂範 著

明治図書

は じ め に

　前置詞は，間違いなく，英語の指導における重点領域です。どんな英文を見ても，ほとんどといってよいぐらい前置詞が登場します。英語の前置詞には，in, on, at, over, under, across などが含まれます。「移動の途中です」だと I'm on my way，「困っちゃった」だと I'm in trouble，「精が出ますね」だと At it again，「夕食はぼくのおごりだよ」だと Dinner is on me. のように，前置詞が活躍します。そこで英語力を身につけるには，前置詞の攻略が絶対に必要になるのです。

　しかし，生徒の側からすれば，この前置詞は最難関な学習項目のひとつに数えられています。例えば，以下のような問題があるとします。

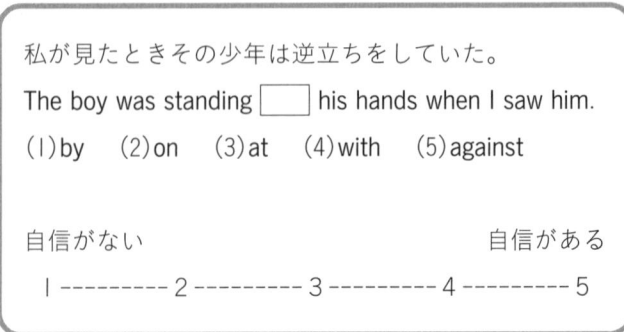

　130名の大学生を対象に調べたところ，正答（on）を選んだのは，約18% でした。その正答者の中で，自信がある

（4，5）に〇をしたのは，約30% です。たとえ，正答を選んだとしても7割は自分の解答に自信がないということです。

　英和辞典をみれば，ひとつの前置詞にたくさんの意味・用法があるため，なかなかとらえどころがないという印象を抱くようです。しかし，英語力の基盤を確かなものにするためには，前置詞の攻略は不可欠です。ここでいう「前置詞の攻略」とは，前置詞を使い分けると同時に，ひとつの前置詞を使い切ることができる力を身につけることです。これがまさに前置詞力です。

　教師にとって，前置詞は教えやすい項目かといえば，生徒と同様に，どう指導してよいかわからないというのが多くの教師の率直な気持ちのようです。筆者は，前置詞指導において何が必要かと聞かれれば，それぞれの前置詞についてよく理解することだ，と回答します。前置詞の数は，限られています。これから50年経っても，前置詞の数は増えることはないでしょう。だとすれば，それぞれの前置詞の「意味世界」をしっかりと理解すること，これが指導の前提になるというのが筆者の考え方です。そういう筆者も，前置詞の意味世界を自信をもって語れるようになったのは，比較的最近のことです。前置詞の理解がしっかりしていれば，教師の経験を生かした指導上の創意工夫が生まれると思います。

　筆者がコア理論を提唱したのは，もう35年以上前になります。それ以来，イメージで前置詞をとらえる工夫が目立

つようになってきました。しかし、そのイメージに正当性があるか、また、提案されたイメージで説明できる用法が極めて限定的ではないか、という疑問を抱いてきました。

　筆者は、博士論文で英語の前置詞を扱って以来、前置詞研究を続けてきました。その間、英和辞典の監修を行ったり、NHK の語学番組に出演したり、前置詞についての書籍を執筆したりしながら、前置詞のとらえ方について紹介してまいりました。一貫した主張は、前置詞にたくさんの意味があるのではなく、それぞれの前置詞には固有の意味がひとつあり、それをさまざまな状況に応用させて使用しているのだ、というものです。この「固有の意味」のことを「コア（用例に共通している本質的な意味）」と呼び、コアを感覚的にとらえ、その応用可能性を拡げることこそ、前置詞を理解する方法だということです。

　本書は、英語を指導する先生方に向けて執筆したものです。気をつけたことは、２つあります。そのひとつは、コア・イメージが妥当で正当なものであること。そして、もうひとつは、都合のよい用法だけを挙げて「説明」を装うのではなく、個々の前置詞の用法の全貌を射程に含めて、コア・イメージが有効であることを示すこと。この２つです。

　本書では、重要な英語の前置詞を取り扱います。あえて読み物として前置詞の意味世界を語るという文体にしました。上記の通り、これまで、いくつかの前置詞を取り上げた書籍を出版してきましたが、本書が最も網羅的で、最も

本格的に個々の前置詞の意味世界をコアを導きの糸として紡いだものです。また，指導案として，「気づき」「理解」「関連化」「産出・自動化」を意識した具体例を示しております。英語の前置詞の指導を考える上で，「有用だったよ」とおっしゃっていただけると，この上ない幸せです。

2024年1月

慶應義塾大学名誉教授　田中茂範

CONTENTS

in の教養

in

on

at

off

through

by

about/
around

across

along

over

under

above/
below

for

to

with

of

against/
from

その他

▌in のコア・イメージ

　第一弾は，in です。in とくれば，「…（の）中に」という日本語を連想するでしょう。しかし，「in= 中に」の理解では限界があります。「工事中」は in construction でなく under construction といいます。逆に「太陽は東から昇る」は The sun rises in the east. といいます。もっとわかりやすい例でいえば，in 2021を「2021年の中に」とはいいませんね。under construction は英語的には，「（あるところが）工事の下に置かれている」という発想です。一方，The sun rises in the east. は「太陽は東（という空間内）に登る」というのが英語の発想です。

　では，in のコア（本質的な意味）はなんでしょうか。一言でいえば，**「空間内（に，で）」**ということです。典型的には，三次元の空間を指す**「容器」のイメージ**です。

　この容器のイメージがさまざまな状況に適用されることで，さまざまな対象を空間内として表現することができる

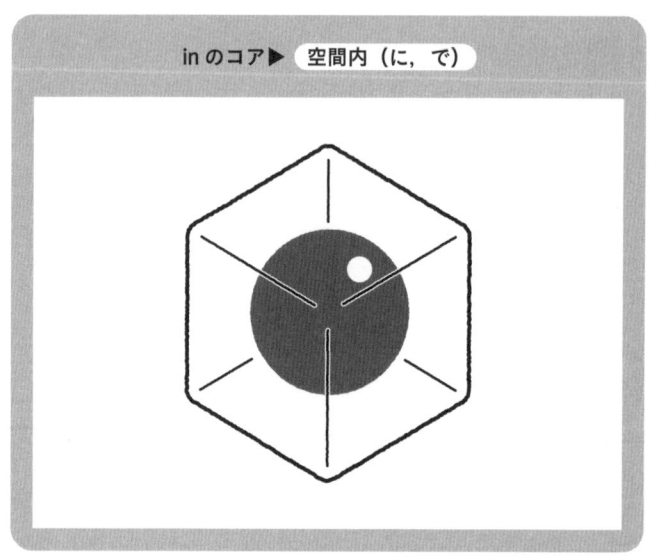

in のコア ▶ 空間内（に，で）

のです。言い換えれば，**「in ＋ 名詞」では，名詞が指す対象をあたかも入れ物のように空間としてとらえる**ことになります。例えば，love に形はありません。しかし，英語では，fall in love という言い方をすることで「恋に落ちる」という意味を表します。ここでは love を空間（心理的空間）としてとらえているのです。だから，I'm in love.（恋している）だけでなく，fall out of love（失恋する）のように「愛という空間内に入る」「空間内にいる」「空間内から出る」という表現が可能になるのです。

love は抽象概念で、そもそも形がないものに入れ物のような形を与えるのが in です。物理的な対象の場合は，三次元の空間を作り出す境界がぼやけても，立体というより

平面へと展開したとしても、「空間内」が意図される限りにおいて in を使うことができます。

in
on
at
off
through
by
about/around
across
along
over
under
above/below
for
to
with
of
against/from
その他

> ●**境界がぼやけている例**
>   ・in the rain（雨の中に）
> ●**平面空間の例**
>   ・in the corner（隅に）
>   ・in the east（東に）
>   ・in the sun（太陽の下で）

太陽の昇り沈みは、The sun rises in the east and sets in the west. といいますが、「東という場〔空間〕に日の出は起こり、西という場に日の入りは起こる」と理解するといいですね。

sun-rising

sun-setting

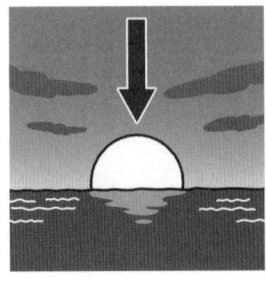

意味の展開

in が繰り広げる意味の展開については，ここまででも少し見てきました。ここでは，もっと本格的にその展開のありようを見ていくことにしましょう。

in は「物理的空間内」（立体的空間，平面空間）という状況だけでなく，**「抽象的な空間内」** として **「心理空間」** や **「社会空間」** を表します。また **「時間的空間」** にも応用され，**「時間的な範囲」** や **「所要時間」** を表します。

立体空間内

まず，立体的な空間内の例として

The milk is in the glass.
（ミルクはコップに入っている）

を挙げることができます。the glass は the room, the box のように典型的な入れ物です。入れ物の境界がぼやけた例としては，

in

on

at

off

through

by

about/
around

across

along

over

under

above/
below

for

to

with

of

against/
from

その他

・birds in the tree

（その木に止まっている鳥）

・a straw in her hair

（彼女の髪の毛に刺さっている麦わら）

などがあります。最初の例では，木の葉に隠れているよう
な様子を in で示し，２つ目の例では，麦わらが髪の毛の
中に刺さっている感じを in で表しているのです。草むら
にいるキリギリスも a grasshopper in the grass といいます。

平面空間内

in は立体的空間だけでなく，**平面空間**にも使えます。
例えば，「円の中に点」があるとします。これは，the spot
in the circle といいます。同様に，「野原の雄牛」は a bull
in the field,「隅の椅子」も a chair in the corner といいます。
「公園でサッカーする」も play soccer in the park ですね。
道路にトラックが止まっている状況は a truck on the road
といいますが，道路をふさぐように止まっていれば a
truck in the road となるでしょう。これらは全部，平面の
空間内を話題にした in の用例です。絵に描かれた女性も，
a woman in the picture です。

in を使うところで to を使うという典型的な誤用例に，

> in the direction of ...

という表現があります。He went in the direction of the station. というべきところを He went to the direction of the station. としてしまう誤りです。これを日本語にすると「彼は駅の方向へ歩いた」となり，どうして to the direction of the station ではないのかという疑問が出てきますが，walk to the direction of the station とすると，「駅へ向かっている**方向のほうへ**歩いている」となってしまいます。walk in the direction of the station を「駅へ向かっている**方向の中を**歩いている」と解釈すれば，どうして in が使われるかが理解できるでしょう。

衣類の装着

ロングドレスを身にまとった女性がいるとします。その場合，

> Look at the woman in a long dress.

といいます。**ロングドレスに覆われている感じ**が in で表現されているのです。

全身を衣服で覆われていなくても in を使います。例えば，黒い帽子をかぶっている男性を想像してみてください。

in
on
at
off
through
by
about/
around
across
along
over
under
above/
below
for
to
with
of
against/
from
その他

The man in a black hat is my uncle.
（黒い帽子をかぶった男性はぼくのおじさんです）

のように in で表現します。**頭が覆われている**というところに in が生かされています。

▌動作が及ぶ場所

in の用法に,

He hit me in the back.
（彼は僕の背中を叩いた）

というのがあります。英語的な表現だといわれます。直訳すれば,「彼は僕を叩いた, 背中の部分を」といった感じで, 全体から部分にシフトする表現です。ここでは, **the**

15

back（背中）を「平面」ととらえています。同じ表現の仕方でも，「彼はぼくの頭を叩いた」と比べてみるといいでしょう。英語では，He hit me on the head. となります。この場合 the head は「空間」ではなく「対象」としてとらえられ，そこに手が当たる（接触する）様子が on で示されているのです。

▌状態

以上は，物理的な空間を話題にしていきました。in の使い方は，それだけではありません。

Cherry blossoms are in full bloom.

というような言い方があります。「桜の花は満開だ」という意味ですが，in に注目して訳せば，「桜の花は満開の状態にある」となります。**満開の状態が空間的に表現されているの**です。

先に，She is in love. のような用例にふれました。これも**「愛しているという心理的状態」**と考えることができますね。同様に，He is in trouble.（彼は困っている）も「彼は困った状態（の中に）ある」ということです。If you find yourself in difficulty, give me a call. といえば，「もし困ったことがあれば私に電話してください」という意味ですが，in difficulty は**「困難な状態の中」**ということです。このように「空間（内）」といっても，次のように物理的

な空間だけではなく，**抽象空間（心理的な状態）**にも応用されます。

・be in despair（絶望している）

・be in sorrow（悲しんでいる）

・rest in peace（安らかに眠る）

・be in need（困窮している）

・be in anguish（苦悩している）

・be in self-pity（自分を憐れんでいる）　etc.

辞書を見ると，in には，さらに次のような用法が載っています。

〔手段〕communicate in English　英語でコミュニケーションをする（←英語という言語空間の中で）

〔所属・従事・活動〕He was once in the French club.　彼はかつてフランス語同好会に属していた

〔配列・数量〕List the names in alphabetical order.　アルファベット順に名前を一覧にしなさい（←アルファベットの配列の中で）

しかし，in は in です。in があれば，必ず**「空間内」**が意図されています。communicate in English は「英語という言語空間内で」と理解すればすんなり in の使い方がわかると思います。He was once in the French club. にしても，

in
on
at
off
through
by
about/
around
across
along
over
under
above/
below
for
to
with
of
against/
from
その他

17

He was in the navy.（彼は海軍にいた）と同様に，「社会的な空間」だと考えることができます。in love や in trouble のような「心理的な空間」だけでなく，in は**「社会的空間」**にも応用されるということです。

in alphabetical order は，辞書では「配列」の意味として載っていますが，これとて「アルファベットの配列の中で」と解釈すれば空間的な意味が理解できるでしょう。

in alphabetical order

A ➡ B ➡ C ➡ D ➡ …

- in conclusion
- in reality
- in general
- in the past

などの使い方も in にはありますが，これらも**「…において」**という解釈を行うと in が使われている理由がわかるでしょう。例えば，in conclusion は「結論部分という空間において」，in reality は「現実という空間において」ということです。

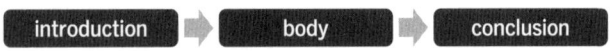

introduction ➡ body ➡ conclusion

in general も「一般的に（広くとらえた空間内において）」ということです。in the past（過去において）はわかりやすい例だといえるでしょう。

▌時間的空間

上の in the past もそうですが，前置詞の in を語る上で欠かせないのが時間的な空間の例です。これには以下のように2通りの用法があります。

〔時間的な範囲〕 She was born in 1950.（彼女は1950年に生まれた）／She is in her fifties.（彼女は50代だ）

〔所要時間〕 I'll call you in a week.（1週間したら電話をします）／I'll be back in two hours.（2時間したら帰ってきます）

このように場所の in は時間空間にも応用されます。その場合，「時間内に（で）」と「時間内を経過して」の2つの解釈になります。

例えば，in a week は，There're seven days in a week.（1週間に7日ある）のように「1週間の内に」という意味にもなりますが，予定を表す文の中では「1週間したら」という所要時間の意になります。所要時間の in については次のように考えるといいですね。この in a week には from now on が前提としてはたらき，**発話の時点から**

in
on
at
off
through
by
about/around
across
along
over
under
above/below
for
to
with
of
against/from
その他

**一週間が経過し，その経過する時間の長さが in で表され
ている**という考え方です。

そこで I'll call you in a week. は「今から一週間が過ぎた
ら（一週間で）電話する」という意味になるのです。なお，
「１週間以内に電話する」と言いたい時は I'll call you
within a week. と within を用います。

　最後に，in の空間は境界を伴いますが，境界の内側は
inside といい，その外側は outside といいます。外から中
に入る動きは into によって表現され，空間から外への移
動は out of が受け持ちます。そして，内部を貫通する動
きは through で表されます。すると，以下のような関係図
を描くことができます。

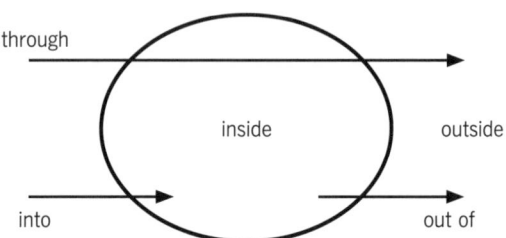

本書の指導アイデアの見方

指導のアイデアを考案する際に，その原理のようなものが必要です。筆者は，

・気づき（awareness-raising）
・関連化（networking）
・理解（comprehension）
・産出（production）
・自動化（automatization）

の5つが指導の考慮点だと考えています。これは，英語指導の全般に応用できる方法ですが，本書では前置詞指導に当てはめて，指導案を提案しています。

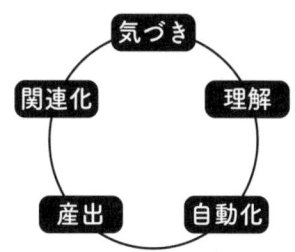

in
on
at
off
through
by
about/
around
across
along
over
under
above/
below
for
to
with
of
against/
from
その他

気づき活動

生徒の「なるほど，そうだったんだ」という感覚を誘発するものです。気づきの対象として，**日本語・英語の発想の違い**に注目させてみましょう。ここでは，教師と生徒の対話が有効なやり方です。

理解活動

英語表現から事態を構成することです。ここでの理解は，**前置詞の持ち味に注目しながら，英語表現を理解する**ことを意味します。指導のためのアイデアとしては，翻訳作品などを使うとよいでしょう。

関連化活動

個々の点を有意味につないで，ひとつのネットワークを形成する活動です。日本語にするとバラバラな用例が，コアを通して，相互に関連したネットワークとしてつながってくることを生徒に実感させることがポイントです。また，**「この前置詞，こんなに使い勝手がよいのか」**と実感させることも大切です。

指導法として，英和辞典などを参考にして典型的な意味の広がりを示し，例文を該当する状況に加えるという活動があります。p.26のような，意味の広がりのボックスに例文の番号を入れるという作業です。ここで大切なことは，**どの用法も結局，前置詞のコアの応用例であることを実感**

させることです。

▌産出活動・自動化活動

産出活動とは，**生徒自らが英語を使って表現する**活動です。また自動化活動とは，瞬発力と同義で，**知識を自動的に使えるようにする**活動で，産出活動と同時に行うとよいでしょう。

指導のアイデアとしては，仕上げとして，p.27のような**「My 単語帳」**を準備して，それを利用した活動を行うと，生徒が前置詞で表現できる範囲が広がるはずです。生徒ひとりひとりの My 単語帳（前置詞編）ができるといいですね。

教師は，クラスで何名かの生徒を当て，選んだ例文を発表させます。5 人が発表すれば，20の例文（同一で重なるものもある）をクラスで共有することができます。自分でも使えるように繰り返し音読すると，表現の幅が広がってくるだけでなく，自動化にも役立ちます。それぞれの文が表す状況を頭に浮かべて，音読することが肝心です。

in

on

at

off

through

by

about/
around

across

along

over

under

above/
below

for

to

with

of

against/
from

その他

23

in の指導アイデア

気づき活動

気づきのひとつ，日英語の発想の違いに注目させましょう。コアを通して，in の用例を理解する訓練です。事例としては，冒頭で挙げた「太陽は東から昇り，西に沈む」と英語で対応する The sun rises in the east, and sets in the west. を比べてみるといいでしょう。

T：日本語では，「太陽は東から昇り，西に沈む」というよね。どんなイメージかな？

S：「東から西に」なので移動する感じです。

T：よく，そのまま英語にして，The sun rises from the east and sets to the west. と表現する生徒がいるけど，英語とは発想が違うね。英語の発想はどんな感じかな？

S：「東の中に昇って」となりますが，変な表現です。

T：in は平面としての空間にも使われる。だから，the east という場に昇ると考えてみるといい。そうすると「東から」ではなく「東に昇る」がしっくりいくね。いずれにせよ，in は「空間内」だということをしっかり押さえておこう。

理解活動

　宮沢賢治の「雨ニモマケズ」の英訳として知られているのは Roger Pulvers によるものです。日英語表現を比較してみましょう。

> 雨ニモマケズ
> Strong in the rain
> 風ニモマケズ
> Strong in the wind
> 雪ニモ夏ノ暑サニモマケヌ
> Strong against the summer heat and snow

　興味深いのは，「雨ニモマケズ」という箇所が Strong in the rain と訳されていることです。「風ニモマケズ」は Strong in the wind となり，「雪ニモ夏ノ暑サニモマケヌ」の部分は Strong against the summer heat and snow になっています。まず，この in と against からどういう情景を想像するか，生徒に考えさせるといいでしょう。正解があるわけではありません。筆者はこのように考えます。Strong in the rain とは「雨が降る状況の中にあっても強くあれ」と自分に言い聞かせている表現です。Strong against the summer heat になると，「夏の暑さに逆らっても強さを失わない」といった感じでしょうか。ここでは，Strong in the rain の情景をとらえることが大事です。

in

on

at

off

through

by

about/
around

across

along

over

under

above/
below

for

to

with

of

against/
from

その他

関連化活動

下の7つの例文の番号を，inの意味の広がりを示したネットワーク図の該当するボックスに入れましょう。

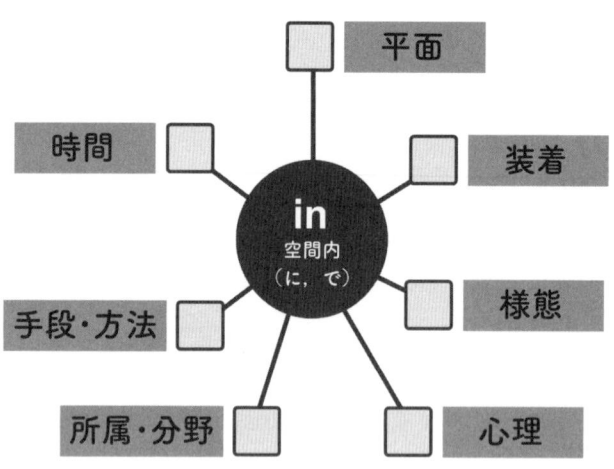

① I read an interesting article in the newspaper.

② Look at the woman in a red coat.

③ He left the company in secret.

④ She was in deep trouble.

⑤ They are communicating in English.

⑥ My brother was in the navy.

⑦ The boy was born in 2020.

①平面 ②装着 ③様態 ④心理 ⑤手段・方法 ⑥所属・分野 ⑦時間

in
on
at
off
through
by
about/
around
across
along
over
under
above/
below
for
to
with
of
against/
from
その他

産出・自動化活動

My 単語帳

Name _____ Date _____

前置詞 in

課題 ここで学んだ in の用例を 5 つ選んで下線部に
書き込みましょう。新たに用例を追加するとすれば何
にしますか。自分で考えましょう。そして，コア・イ
メージを意識しながら用例の音読を 5 回以上しましょ
う。

in

空間内

例文

_____

_____

_____

_____

_____

on の教養

on のコア・イメージ

　「on の意味は何ですか」と聞けば，たいていの人が「上に」を挙げます。しかし，on を使い切れるようにするには，「on ＝上に」では限界があります。天井にとまっているハエを見つけて，

Look. There's a fly on the ceiling.

といいますが，この on を「天井の上にハエがいる」では意味が通じないですね。リーシュにつながった犬を見て，

The dog is on the leash.

ともいいますが，ここでも，「リーシュの上に犬」では何のことかわかりません。ここでは，on のコア（本質的な意味）を示し，それが応用される状況をできるだけ網羅的に見ていくようにします。

on のコア ▶ 接触（して）

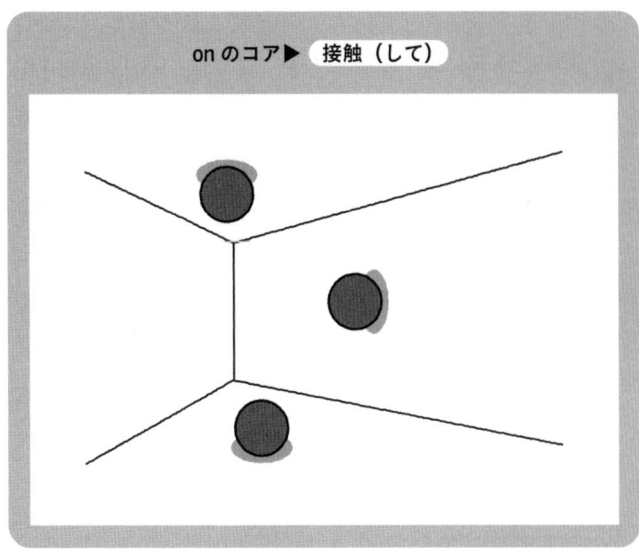

in
on
at
off
through
by
about/
around
across
along
over
under
above/
below
for
to
with
of
against/
from
その他

　床であれ，壁であれ，天井であれ，**何かが接触している関係**を読み取れば on を使うことができるということです。on の典型例は，The cat is on the floor.（猫が床にいる）のように，**水平面への接触**を表します。しかし，The fly is on the wall.（ハエが壁［天井］にとまっている）のように，**垂直面への接触**も同時に表します。その応用例としては，

・a tattoo on the shoulder（肩への入れ墨）

・the steam on the car window（車の窓のくもり）

・a shadow on the wall（壁の影）

・mud on the shoes（靴についた泥）

などがあり，これらはすべて，「面への接触」の例です。

しかし，面への接触といっても，**表面に何かがくっついているような状況を** on が表すと考えるべきです。接触といえばテーブルの下に手を当てている状況も接触に違いはありません。しかしこれは，「表面への接触」というより，「テーブルの下に」と解釈されることから，a hand under the table と表現します。なお，この表現は，テーブルから離れて下に手がある状況と，テーブルの裏面に手が接触している状況を表します。

「彼女は額に数本のしわがある」という場合は，

She has a few lines on her forehead.

と on を使います。頭をぶつけてコブができた少年だと，The boy has a bump on his head. となります。

「（乗り物など）に乗って」という状況も children on the bus（バスに乗っている子どもたち）とか on board（船上に［車中に，機上に］）のように on で表現します。なお，動いていないバスの中で子どもが遊んでいる状況だと

The children are playing in the bus.

となります。

「予定通り」を英語では Everything is on schedule.（すべて予定通りに進んでいる）といいますが，これも**「（予定やプログラム）にのって」**ということですね。

点的な接触

実は，on の接触は，面に限りません。The fish is on the hook. といえば，次のような状況を表します。

これは，面というより**点的な接触**を表しています。apples on the tree（木に実ったリンゴ）や a dog on the leash（ひもにつながれた犬）なども同じです。

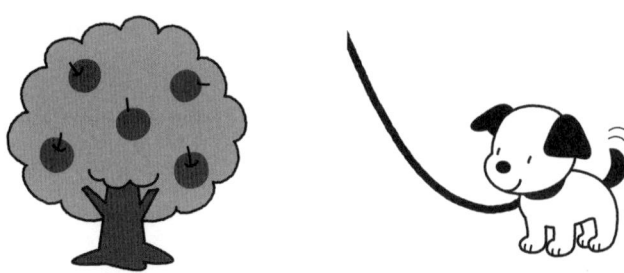

リンゴは木の枝から垂れ下がるようになっているのであって，リンゴの茎の部分と枝の関係もやはり接触としてとらえることができるということです。犬も一部分でつながれていますね。

すると，on の使い方を理解するには，まず，**「接触」**がコアで，接触には**表面への接触**と**点的な接触**があるという

in
on
at
off
through
by
about/around
across
along
over
under
above/below
for
to
with
of
against/from
その他

ことを押さえる必要があります。そして，表面への接触から，何かにのっかっている感じが生まれ，そこから**「基盤」**とか**「依存」**といった意味が展開します。点的な接触の場合は，点がつながることで**「連続性」**という意味が展開します。これをまとめると，以下のようになります。

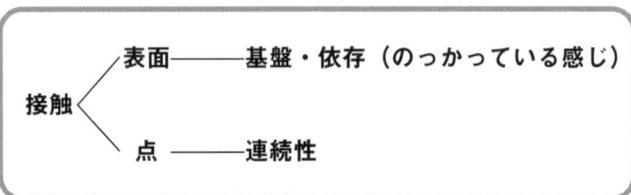

基盤・依存

「表面への接触」から展開する「基盤・依存」の意味について見ていきましょう。水平関係においては，A on B の B は「土台」としての役割を果たします。

a bottle on the table（テーブルの瓶）

といえば，the table が土台として a bottle を支えるという関係が成り立ちますね。そこから**「依存」**の意味が派生するのです。

I can't fight on an empty stomach.
（腹がへっては，戦はできぬ）

という言い方がありますが，on an empty stomach は文字通り「すきっ腹を土台にして」という意味合いです。

> We live on potatoes.
>
> （われわれはポテトを常食にしている）

となると，「生存がポテトに依存する」ということになり，そのことから「常食とする」などの意味が派生するのです。

count on（当てにする），rely on（頼りにする）などの表現も「基盤・依存」の on の応用です。類似した表現に depend on があります。これも「当てにする」という意から，この表現の on も「依存関係」を表すものと解釈されるかもしれませんが，depend on はむしろ「誰か（何か）にぶら下がる」といった感じです。なお，dependent には「扶養家族」という意味もあります。

「片足立ちをする」だと stand on one foot です。「片足を支えに立つ」ということですね。では，「逆立ちをする」はどうでしょうか。これは stand on one's hands といいます。「両手を支えにして立つ」ということです。「仰向けに寝る」「横向きに寝る」「うつ伏せに寝る」は，それぞれ，sleep on one's back, sleep on one's side, sleep on one's stomach です。どこを支えに寝るかということですね。

連続性

「点的な接触」の場合は，「基盤・依存」というより「連

in
on
at
off
through
by
about/around
across
along
over
under
above/below
for
to
with
of
against/from
その他

続性」の意味になります。これは副詞表現ですが，on and on（連続的に）と on and off（断続的に）の違いをとらえるには，連続性と不連続性を考えればよいでしょう。前置詞 on の「連続性」は，keep on（…し続ける），go on（…し続ける）などの表現に見られるばかりか，on duty（当番で），on guard（警戒中で），on the go（活動中で）などの表現に読み取ることができます。「ストライキをしている労働者」を指して，workers on strike といいますが，この on strike も「ストライキ続行中」ということです。

▌「接触」の応用

一部分でも接触していれば on を使う例として a fish on the hook などを見てきました。他にも，中指に指輪をしている女性を指して，

> She has a ring on her middle finger.

と，指と指輪の関係は on で表します。応用例として，

> a village on the border

があります。「国境にある村」ということですが，on に注目すると，「国境に**接している**村」ということです。on the south side of the river（川の南側に）や the sun on the horizon（地平線上の太陽）も同様の例といえるでしょう。

「～についての本」といえばすぐに about を連想すると思います。しかし，

This is a good book on Indian economy.

のように on を使うこともあります。「専門書などの場合 on を使う」という説明が示されることがありますが，この on も接触の例です。つまり，インド経済という話題に接して離れないことから，**「もっぱらインド経済に関して」**となるのです。話題を固定するということです。

　特定の日・機会を表すときは，以下のように on を使います。

on my birthday（誕生日に）
on Wednesday（水曜日に）
on Christmas Day（クリスマスの日に）
on a cold morning（ある寒い朝）
on December 1st（12月1日に）

しかし，（特定の）日に on を使うのはどうしてでしょうか。私たちが，時間を意識するとき，それはふつう，点として意識するか，幅として意識するかのどちらかです。点としての時間は at，幅が感じられれば in を用います。しかし，on Christmas Day といえばどうでしょうか。「クリスマスに」という場合，時間の幅を感じさせるわけではな

in
on
at
off
through
by
about/
around
across
along
over
under
above/
below
for
to
with
of
against/
from
その他

く，in は選択肢から排除されます。だとすると，点的に
とらえ，at Christmas Day といえるはずですが，at noon
とか at three o'clock の時間とは区別したいとします。前
置詞の中でも特に基本的な3つの前置詞（at, in, on）の中
で，残る選択肢は on です。on は「接触」がコアです。上
で話題を固定したように，ある日を時間的に固定すること
もあるでしょう。

　国民の祝日や誕生日や曜日や日はカレンダー上で固定さ
れています。これは時の固定の例です。「12月1日にワーク
ショップがある」だと，

We have a workshop on December 1st.

といいます。ワークショップが行われる日にちを固定する
ようなはたらきが on だといえます。

同時性

　最後に，on には動名詞や動作を表す名詞を伴って「…
すると，…と同時に」という意味合いがあります。以下が
その例です。

in

on

at

off

through

by

about/
around

across

along

over

under

above/
below

for

to

with

of

against/
from

その他

On finishing this report, I'll rest.

（この報告書を終えたら休むつもりだ）

On hearing the news of the birth of his first child, he jumped for joy.

（彼は最初の子の誕生を聞いて飛び上がって喜んだ）

Let's start our dialogue on his return.

（彼が帰ってきたらすぐに対話を開始しよう）

この on は物・事の連続的な関係を示すというはたらきがあります。on -ing は as soon as S + V に置き換えられるとされますが，両者には違いがあります。as soon as は「できるだけ早く」ということで，2 つの動作の間に時間が空くことも考えられますが，on の場合は，2 つの動作が連続的に行われるということです。**2 つの動作の間にブレイクがない**ということです。

On (the count of) one, two, three, lift this.

という表現があります。これは「イチ，ニのサンでこれを持ち上げよう」ということです。「サン」と数えたら間を空けないで連続的に次の動作に移るということですね。

on の指導アイデア

▌気づき活動

T：前回 in をやりました。英語では in time と on time の
　言い方があるけど，どういう違いが感じられるかな？

S：「時間の中に」「時間の上に」，どちらも変ですね。よ
　くわからないです。

T：では，「時間通りに」と「時間に間に合って」の選択
　肢があれば，どっちがどっちだろう。

S：それなら，わかります。in time が「時間に間に合っ
　て」で，on time が「時間通りに」です。

T：その通りだけど，どうしてそうなるのかな？

S：なんとなくで，説明はできません。

T：in は「空間内」ということで，「時間内に」となる。
　一方，on は「接触して」ということから，「（ちょう
　ど）時間に接して」ということで「時間通り」となる
　んだよ。

理解活動

アメリカの古い名曲に Georgia on my Mind があります。Stuart Gorrell の作詞で，多くの歌手が歌っていますが，Ray Charles がダントツに有名です。日本語では，「我が心のジョージア」と訳されている場合が多いようです。

その歌の中で繰り返されるフレーズに以下があります。

Just an old, sweet song
Keeps Georgia <u>on</u> my mind

Just an old, sweet song は「古くて，優しい歌だけ（が）」という感じですが，歌のタイトルになっている Georgia on my mind をどう理解すればよいでしょうか。Just an old, sweet song keeps Georgia on my mind. は「古くて，優しい歌だけがジョージアを心にとどめてくれる」と故郷を想う内容ですが，問題は on です。on は「接触」で「ジョージアが心に接して離れない」と解釈すればどうでしょう。I have something on my mind. だと「気がかりなことがある」となります。I have something in my mind. だと「ちょっと言いたいことがあります」ぐらいの意味合いです。on は心に接して離れないということから，いつも気になる存在としての故郷ジョージアということです。「我が心のジョージア」ではとらえきれない意味合いですね。

in
on
at
off
through
by
about/around
across
along
over
under
above/below
for
to
with
of
against/from
その他

関連化活動

　下の6つの例文の番号を，on の意味の広がりを示したネットワーク図の該当するボックスに入れましょう。

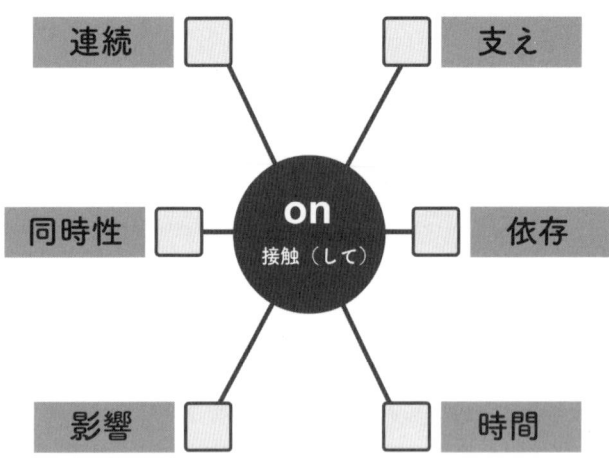

① Stand on one foot for two minutes.

② This film is based on a true story.

③ Naomi kept on crying.

④ On hearing the news, she fainted.

⑤ Watching TV too much may have a bad effect on your brain.

⑥ I don't have to practice the piano on Christmas Day.

①支え　②依存　③連続　④同時性　⑤影響　⑥時間

産出・自動化活動

My 単語帳

Name _____ Date _____

前置詞　on

課題　ここで学んだ on の用例を5つ選んで下線部に書き込みましょう。新たに用例を追加するとすれば何にしますか。自分で考えましょう。そして，コア・イメージを意識しながら用例の音読を5回以上しましょう。

on

接触（して）

例文

_____

_____

_____

_____

_____

_____

in
on
at
off
through
by
about/around
across
along
over
under
above/below
for
to
with
of
against/from
その他

at の教養

at のコア・イメージ

at は，in, on とともに，前置詞の中でも基本的な3大前置詞です。そして，3つの中でもっとも感覚的にとらえにくいのが at だと思います。多くの人は，at は「点」を表すと理解しているようですが，at を使い切る力を身につけるには，「at = 点」では十分ではありません。

at のコア（本質的な意味）は，端的に **「場所」** を表します。日本語での近い感覚は， **「…のところに（で）」** です。このコアが意味的に広がり，辞書的な分類でいえば，状態，割合・程度，条件・理由，時間・順序などを表す際にも at を使うことができるのです。言い換えれば，at は at だということです。辞書が載せているのは，at を使う状況で，どの状況にも共通しているのが「ところ（に）」というコアだということです。

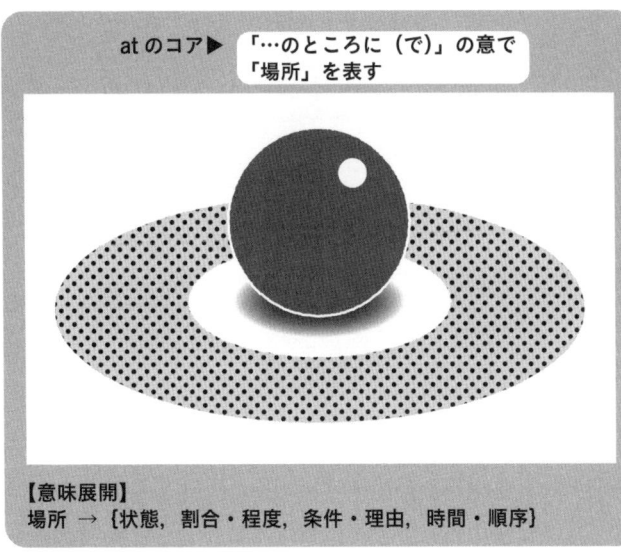

at のコア▶ 「…のところに（で）」の意で「場所」を表す

【意味展開】
場所 → 〔状態，割合・程度，条件・理由，時間・順序〕

at とくれば「ところ」

具体的に見ていきましょう。まず，場所を端的に表す用法です。

> I'll wait at the ticket gate.

は「改札口で待っています」ということですが，「改札口のところで」ということは明らかです。

in
on
at
off
through
by
about/around
across
along
over
under
above/below
for
to
with
of
against/from
その他

> Do you know the man at the door?

だと「ドアのところにいる男性を知っていますか」と「ところ」を使って自然に訳しますね。

　場所といっても，少し抽象的な意味合いのものもあります。

> She was so mad at me.

は「彼女は私に対してとても怒っていた」ということですが，どうして at me なのか。それは，**彼女の怒りが向けられた場（ところ）は「ぼく（me）」** ということだからです。ぼくがいるその場で怒りが爆発した感じです。一方，She's still mad with me. になると，「ぼくとともに」ということで「怒りが持続している」感じになります。I was disappointed at the results. にしても，at に注目すれば，「結果が出たところで，失望した」ということです。

　よく知られた熟語のひとつとして，

> be good [poor/bad] at

があります。「〜が得意（苦手）だ」ということです。

She is good at mathematics. は「彼女は数学が得意だ」と
いうことです。この at も場所を表します。いろいろな教
科がある中で，数学のところで She is good と述べている
表現と考えることができるでしょう。

▍at の広がる用法

「ところ」を**「～の状態（のところ）」**に応用すると，次
のような表現が生まれます。

> ・Flowers are at their best.（花は真っ盛りだ）
> ・He is still at work.（彼はまだ働いている）

at their best とはまさに「（花の）最高の状態のところ」
ということです。at work も同様に，「仕事をしていると
ころ」ということです。（食事のため）食卓についている
状態を at table といいます。同様に，生徒たちが授業で机
についている状態だと Students are at their desk. ですね。

「状態」だけではありません。いわゆる「割合」や**「程
度」**も「ところ」の at の応用例です。以下を見てくださ
い。

> ・He maintained at 80 kilometers an hour.
>   彼は時速80キロで走った**（←（速度を）80キロの
>   ところで維持した）**

in
on
at
off
through
by
about/
around
across
along
over
under
above/
below
for
to
with
of
against/
from
その他

· I fell in love with her at first sight.

私は彼女に一目ぼれした **（←初めて見たところで）**

「時速80キロで」は at 80 kilometers と表現しますが，「速度が80キロのところ（にある）」という感じです。同様に，「一目ぼれ」を fall in love at first sight と表現します。この at first sight も「初めて見たところで恋に落ちる」という感じです。

辞書では，条件や理由の意味が at にあると載せているものもあります。これも「ところ」の応用です。

I'll get even with her at any price.

は「どんな犠牲を払っても彼女に仕返ししてやる」ということで「条件」の用法とみなされます。しかし，この at any price は，文字通りには，**「どんな価格のところでも」** ということで，そこから「どんなにかかろうと」となるわけです。

He ran away at the sight of a dog.
（彼は犬を見て逃げ出した）

の at は「理由の at」といわれますが，結局は，「犬が見えたところで」ということで，at のコアは同じです。

もうひとつの応用例として**「時間・順序」**についても見てみましょう。

> Can you meet me at 3:30?
> （3時半に会えますか）

のように時刻を示すときは at を使います。これも時計が「3時30分のところで」と自然に解釈することができますね。

> My brother left home at the age of 18.
> （ぼくの兄は18歳で家を出た）

の at the age of 18も「18歳のところで」と考えることができます。

> At first, he said "yes", and we trusted him.
> （はじめ彼はイエスと言い，われわれも彼のことを信用した）

のような熟語もあります。これも「最初のところで（は）」という意味合いで，at last は「最後のところで（は）」という意味ですね。

in

on

at

off

through

by

about/
around

across

along

over

under

above/
below

for

to

with

of

against/
from

その他

▍at は「ところ」であって「点」ではない

繰り返しになりますが，at のことを「点（point）」として理解している人が少なくありません。この理解が間違っているわけではありませんが，限界があります。例えば，

Do you remember our first kiss, the one at the lake?
（私たちの最初のキスを憶えている？　湖のところでのキスを）

の at the lake は「点としての湖」というより，むしろ「場所としての湖」と考えるほうが自然です。このことを踏まえ，in the lake, on the lake, at the lake をイメージ的に比較してみましょう。

a boat on the lake

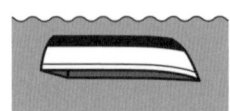

a boat in the lake

a boat at the lake

at で注目したいところ

　ここでは，at の使い方でさらに注目しておきたいこと
をリストアップ形式で挙げておきます。

①焦点の絞り方の違い

　第一に，上述のように at は，the first kiss at the lake の
ように漠然とした場所（「…があるところ」）を表す一方で，
hit at the ball のように**点的な場所**も表します。焦点が鮮明
な「的」と焦点が不鮮明な「…があるところ」とは一見矛
盾するようですが，日本語の「ところ」の使い方でも，
「ドアのところ」といえば「ドアのあたり」，「ここのとこ
ろを狙え」といえば「ここを的として」という意味になり
ます。両者の違いは，焦点の絞り方なのです。そこで，
She hit at the target. だと「彼女は的を狙って撃った」と
なります。「的のところを撃った」が hit at the target で，
的に当たったかどうかは確かではありません。的に当たっ
た場合は，She hit the target. になります。

　おもしろい表現として，

> A drowning man will catch at a straw.
> （溺れるものはわらをもつかむ）

という成句があります。これは「溺れている人は藁のとこ
ろでつかもうとする」という意味であり，藁をつかむかど
うかはわかりません，もし A drowning man will catch a

in / on / at / off / through / by / about/around / across / along / over / under / above/below / for / to / with / of / against/from / その他

straw. と at 抜きで表現すれば，「溺れている人はみんな藁をつかむ」ことになってしまいます。

②「ところ」の概念で説明できる熟語表現

　第二に，at を「点」として理解していると，at a loss（途方にくれて），at fault（間違っている），at pains（苦しんでいる），at ease（楽にしている），at large（犯人などが捕まっていない）などの熟語表現の at がうまく説明できませんが，「ところ」という概念を導入すると，それらの表現もすんなりと説明できます。例えば，at a loss の a loss は「喪失（感）」「損失」といった意味があり，at a loss は**そういう状態のところにいる**ということです。そこで「途方にくれて」だけでなく「損をして」の意も at a loss にはあります。

③ in と at の違い

　第三に，以下で取り上げる in は **「空間内」**がコアです。そのことから，具体的な物の内部を連想しやすくなります。しかし，at は，「物ではなく場所（ところ）」を示します。日本語でも「その建物のところ」といえば，場所としての建物の意味になります。この in と at の違いは，次の表現の比較に表れます。

at school	in the school
at home	in the house
at church	in the church

同じ学校でも，in the school だと「建物としての学校」が問題になるのに対して，at school だと，**「活動の場としての学校」**が問題になります。同じことが at church と in the church の比較においてもいえます。at church は「（礼拝のための）教会」といった感じになります。同じ家でも建物としての家は a house，生活の場としての家は home と単語レベルで区別することがあります。そして，前置詞の選択においても，at home と in the house の違いとして表れます。前述の３つの例では at の後の名詞は無冠詞で使われていますが，普通名詞でも at を用いれば at the party，at a wedding などのように「活動の場」という意味合いが強くなります。

最後に，冒頭で挙げた熟語表現 At it again. に注目してみましょう。「またやっていますね」「精が出ますね」ぐらいの意味で，おきまりのことをやっている相手にいう言葉です。これは，it で表された「それ」が互いの了解内容となっている「例のこと」であり，at it で**「そのところにまたいますね」**となり，「またやっていますね」という意味になるのです。

このように，at のコアを「ところ」として理解していると，さまざまな用法を一貫した形で理解することができるようになります。英文を読んでいて at に出くわしたら，コアを思い出してください。そうすれば，at の英語感覚が確実に身につくと思います。

in
on
at
off
through
by
about/
around
across
along
over
under
above/
below
for
to
with
of
against/
from
その他

at の指導アイデア

気づき活動

T：今日は，at に注目します。in, on, at は英語の三大前置詞です。at で連想する用例はどんなものがあるかな。

S：時刻の at 6とか，at home です。

T：at home はおもしろい表現だよ。home ってどういう意味？

S：「家」ですよね。

T：そうだけど，「家」といえば (a) house もある。house と home の違いってなんだろう？

S：よくわからないです。

T：house は「建物としての家」だけど，home は「居住の場としての家」といった違いかな。home といえば「暖かい，ぬくもり」のような印象もある。ここで注目したいのは，in the house と at home の違いだ。

S：house は建物のイメージが強いので in the house はわかるような気がします。

T：しかし，at home では a/the がない。しかも，at を使う。at は，「ところ」「場所」がコア，だから「生活の場，くつろげるところ」は at home が合う。in the house だと建物がリアルにあって，その内部となり，だいぶ違うね。at the house という言い方も可能だけど，「家のところで」となり，at home とはまったく違いますね。

理解活動

ここで取り上げるのは，F. Scott Fitzgerald による名作 *The Great Gatsby*（1925年）からの 2 か所の引用です。まず，注目したいのは at the kitchen table の部分ですが，文全体が指している状況をイメージしてみてください。

Daisy and Tom were sitting opposite each other <u>at the kitchen table</u>, with a plate of cold fried chicken between them, and two bottles of ale.
（デイジーとトムはキッチンのテーブルで向かい合って座っていて，間に冷えたフライドチキンの皿とジンジャーエールのボトルが 2 本ありました）

ここでは，「キッチンテーブルのところで 2 人が向かい合って座っていた」ということで，他の前置詞は考えられません。2 つ目の引用も見ておきましょう。

I talked with Miss Baker <u>at the door</u>, and she nodded <u>at the musician</u>, who led the little orchestra.
（私はドアのところでミス・ベイカーと話しました。

in
on
at
off
through
by
about/around
across
along
over
under
above/below
for
to
with
of
against/from
その他

そして，彼女は小さなオーケストラを率いていた音楽
家にうなずきました）

　この at the door は，おそらく「家のドア（玄関）」とい
うことで「玄関先」でしょうが，英語では「ドアのところ
で」となっています。もうひとつの，nod at ですが，look
at の at と同じです。look at だと視線を向けるところが at
で示されているように，nod at では**うなずきの対象（う
なずきが向かうところ）**が at で表現されているというこ
とですね。

関連化活動

下の７つの例文の番号を，at の意味の広がりを示したネットワーク図の該当するボックスに入れましょう。

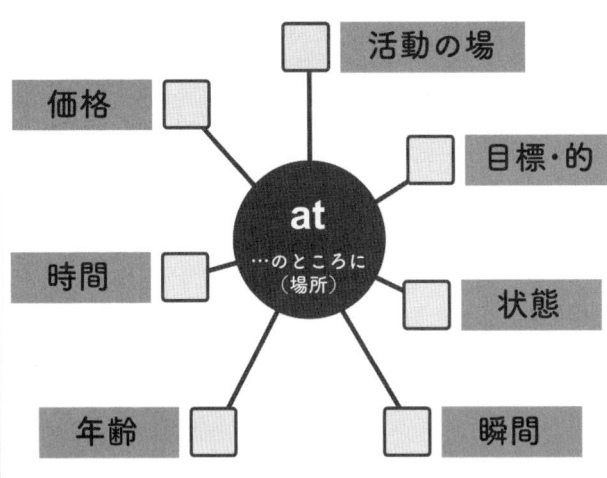

① Jane is still at office.

② I bought this dress at the lowest price.

③ I'll call you at noon tomorrow.

④ His voice broke at the age of twelve.

⑤ I fell in love with him at first sight.

⑥ The flowers are at their best.

⑦ The man shot at the target.

①活動の場　②価格　③時間　④年齢　⑤瞬間　⑥状態　⑦目標・的

in
on
at
off
through
by
about/around
across
along
over
under
above/below
for
to
with
of
against/from
その他

産出・自動化活動

My 単語帳

Name _____ Date _____

前置詞　at

課題　ここで学んだ at の用例を 5 つ選んで下線部に
書き込みましょう。新たに用例を追加するとすれば何
にしますか。自分で考えましょう。そして，コア・イ
メージを意識しながら用例の音読を 5 回以上しましょ
う。

at

…のところに
（場所を表す）

例文

_____

_____

_____

_____

_____

_____

off の教養

off は日本語でもオフとして使われています。「エアコン
をオフにする」「オフシーズンは練習も少ない」「明日はオ
フだから」「カロリーオフのソフトドリンクを飲む」「この
ドレスは30％オフだよ」のように使います。この中で「カ
ロリーオフ」は和製英語ですが，他は英語でも同じような
文脈で off を使います。「カロリーオフ」はあえていえば
low calorie が近いでしょう。「オフシーズン」のことを
「シーズンオフ」ということがありますが，英語では off
season といいます。「明日はオフだ」は It's off tomorrow.
で大丈夫です。「エアコンをオフにする」は turn off the
air conditioner となります。割引の場合も 30% off (the
price) と off を使います。

　このように日本語でも使われる off ですが，そのコアは
どういうものでしょうか。まず，この off は on の反意語
だといえます。そこで，接触の on に対して，off は「（接

in

on

at

off

through

by

about/
around

across

along

over

under

above/
below

for

to

with

of

against/
from

その他

触した状態からの）分離」を表します。つまり，「分離」
が off のコアであり，イメージ的には次のようになります。

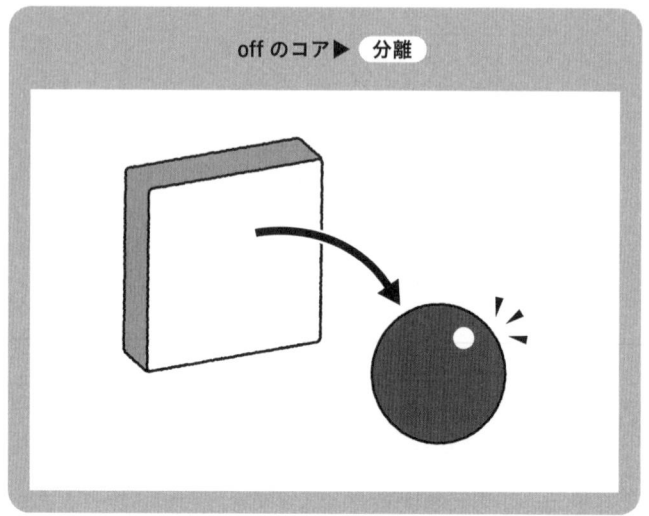

off のコア▶ 分離

　友人と話をしていて，友人の来ているシャツの一番上の
ボタンがとれたとします。この状況をどう英語で表現する
でしょうか。最も典型的な言い方は，The top button came
off. でしょう。話し手は友人と向き合っているため，ボタ
ンが自分のほうに移動してくるということから come を使
います。そして，付いていたボタンがとれるのですから分
離の off がピッタリです。コア・イメージと重なりますね。
なお，ペンキが剝がれる際にも，The paint may come off.
と同じイメージを使います。

▌動作的な意味合いの off

　off は，「動作」と「状態」の両方を表します。動作か状

態かは動詞によって示されますが，**「(対象) から (離れて【る】)」** は動作の典型事例です。桜の花びらが散り始めた様子を見た人が

> Flowers began to fall off the cherry trees.

といえば，花びらが「木から離れて落ちる」という部分が fall off the cherry trees で表されています。「京都で電車を降りた」は

> I got off the train at Kyoto.

といいます。off the train とは「電車から離れて」ということです。get は「そういう状態にする」という動詞です。このいずれも，flowers on the tree, I'm on the train. が前提にあり，on の状態から off の状態になるということです。

　ビンの蓋がなかなか外れないという状況で，「このビンの蓋，外れますか」はどう表現すればよいでしょうか。ここでも，「ビンに付いた蓋」は the lid on the bottle です。それを外すわけなので，

> Can you take the lid off the bottle?

と off を使って表現すれば大丈夫です。

　take や get は動作動詞なので，off にも**動作（動き・変**

in
on
at
off
through
by
about/
around
across
along
over
under
above/
below
for
to
with
of
against/
from
その他

化) 的な意味合いが生じます。日常的によく使う例だと,

Can you take 20 percent off the price?

があります。価格から20％を割り引いてほしいということ
ですね。

The heavy work took 5 years off his life.

のような使い方もあります。「きつい仕事」が主語ですね。
それが彼の寿命から5年を奪ったという感じです。議論を
していて「話題から逸れてきている」は We're getting off
the subject. といいますが, この off の感覚はわかりやすい
ですね。音程を外して歌う人に対しても, He sings off
key. と表現します。これらは全部, 動作的な意味合いの
off の例です。

状態的な意味合いの off

　よく KEEP OFF THE GRASS という看板を目にすること
があります。これは,「芝から離れている状態を維持せよ」
ということなので,「芝に入るべからず」という意味にな
ります。この例のように, off は **「(ある位置) から離れた
ところに (ある)」** という状態の意味合いでも使うことが
できます。「本通りから離れたところにあるスーパーに
行った」という状況だと,

in

on

at

off

through

by

about/
around

across

along

over

under

above/
below

for

to

with

of

against/
from

その他

> Naomi went to a supermarket off the main street.

となります。この off は状態の off です。同じく,「海岸か
ら沖に10マイル離れたところで船が沈没した」も

> The ship sank 10 miles off the coast.

と off を使います。

> My uncle is off liquor.

といえばどういう意味でしょうか。liquor は「酒」なので,
「酒から離れている」から「叔父さんは禁酒中です」と
いった意味合いです。同様の例として,

> I'm off duty today.

があります。on duty だと「職務についている」というこ
とで,off duty は「職務から離れている」,つまり「非番
だ」ということですね。

　以上は,前置詞としての off の用法を見てきました。
ちょうど on と対比関係にあるのが off です。この off は,
実は,**副詞**としてよく使います。冒頭の The top button

61

came off. や The paint came off. の off は用法的には副詞です。考え方は前置詞の off と同じですが、そもそも前置詞と副詞は何が違うのでしょうか。

前置詞と副詞の違い

> I get off the train at 7:30.
> （7時30分に電車を降ります）

の off は前置詞です。一方、

> Take off your hat.

の off は副詞です。get off the train では「電車から離れる」という意味ですが、take off your hat は「帽子から離れる」ではありません。Take your hat off. とも表現できるように、この off は目的語を持たない副詞です。あえていえば、Take your hat off your head. ですが、your head が自明のことから省略され、off が副詞としてふるまうようになったと考えることができます。このあたりの事情は置いておくとして、off は put off, give off, hold off, carry off など「動詞＋副詞」の句動詞を作る際に活躍します。

off は前置詞でも副詞でも考え方は同じと前述しました。He is off duty today. の off は前置詞で「彼は、今日は非番だ」の意味ですが、He is off today. のように副詞的に表現

することも可能です。ビンの蓋を開ける状況でも，Can anyone get the lid off the bottle? とも Can anyone get the lid off? とも表現できます。

▌副詞 off の使い方

美術館で Hands Off という掲示をみました。どういう意味かわかりますね。「手を触れぬこと」ということです。「何から離れた状態」か自明なことから，Hands Off で意味が通じるのです。

I'm taking two days off next week.

は「来週は 2 日休みを取るつもりだ」という意味です。通常業務から 2 日を休みとして外すということですね。

「君には脱帽だ」に近い英語表現として

I take my hat off to you.

があります。これも My hat off. のように短縮形で使うことができます。「シャッポを脱ぐよ」ということですね。

put off といえば，「延期する（postpone）」をすぐに思い浮かべると思います。この put off は「何かを離れた状態に位置させる」ということで，「延期する」だけに限られません。「延期」の意味では「カレンダー上で予定を別

in
on
at
off
through
by
about/
around
across
along
over
under
above/
below
for
to
with
of
against/
from
その他

の日に移す」という意味合いです。仮に Don't talk to me. You're putting me off. と誰かがいえば、「話しかけないで。気が散るから」といった意味合いでしょう。集中している状態から put me off（私を離れさせる）ということです。

Nobody will put me off from doing what I think is right.

といえば、「だれも、僕が正しいと思うことをすることを止めさせることはできない」という意味になります。この put me off from doing は「やっていることから離れさせる」ということから、「やっていることを止めさせる」となるのです。

空間的な意味合いだけでなく、時間的な意味合いでも off は

Candy's wedding is still six weeks off.
（キャンディーの結婚式はまだ 6 週間先だ）

のように使います。「今から 6 週間離れている」ということですね。

away との違い

離れた状態を表す副詞に away があります。Get off. も Get away. も「失せろ」という意味合いです。あえて違い

をいうと，get off だと「ここから離れろ」，get away だと「ここからいなくなってしまえ」といった感じでしょうか。

off は on を前提にして，接触した状態から離れる部分が強調されます。そこで，give off という句動詞は「臭いや音などを発する」という意味になりますが，**「ある物から臭いや音が離れるように出ていく」**という感じです。

> This box gives off an awful smell.
> （この箱は酷い臭いがする）

がその例です。一方，give away になると「遠くに放つ」感じが生まれ，

> The man gave away all the money to the poor.
> （その男はすべてのお金を［おしげもなく］貧しい人たちにあげた）

のように使います。

もともと，away は a+way の合成語で，way があるため，距離感を感じる副詞です。I'm off duty. だと「職務から離れて，外れている」ということですが，I'm away from duty. だと「職務に近づかないように距離を置いている」という意味合いになります。ビンの蓋を外すという状況では，get the lid off であって，get the lid away では不自然な響きになります。

in
on
at
off
through
by
about/
around
across
along
over
under
above/
below
for
to
with
of
against/
from
その他

最後に，ずっと昔になりますが，アメリカの大学に通っていたころ，教授に

"Guess again – you're way off."

と言われたことがあります。なんのことかよくわからないまま，適当に推測して答えたら，"You're getting close." と言われ，質問が次の学生に向けられたことがありました。You're way off. は**「まったく的外れだぞ」**という意味だと後でわかりました。なお，この way は強調語で，的外れ（off）がはなはだしいことを表します。

　たかが off，されど off ですね。

through の教養

in

on

at

off

through

by

about/
around

across

along

over

under

above/
below

for

to

with

of

against/
from

その他

█ through のコア・イメージ

through のコアを言葉にすれば，**「空間の中を通り抜けて」**となり，下図のようなイメージになります。

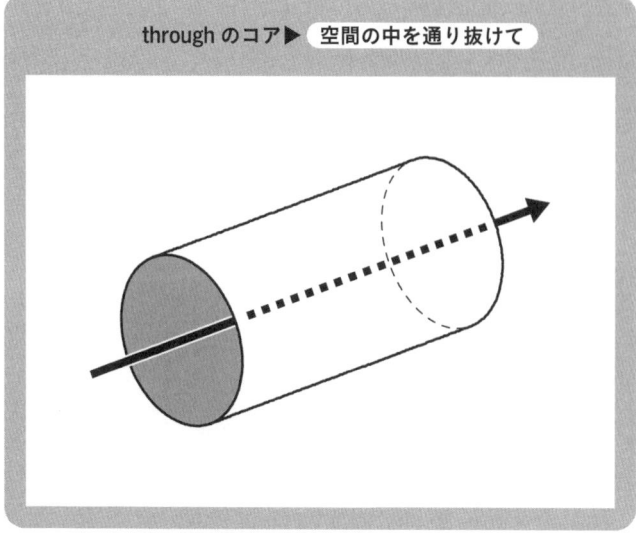

through のコア▶ 空間の中を通り抜けて

We're driving through the tunnel.

（僕らはトンネルを車で抜けている）

が典型例で，意味的にはわかりやすい前置詞ですが，次の
３つの点には注意しておく必要があります。

▎through の注意点①

第１に，through は，典型的には，トンネルのような筒
状の物の中を通り抜けるというイメージを持ちますが，「鳥
が窓から部屋の中に飛び込んできた」といった状況のよう
に，**窓枠のような平面的な空間**にも使うことができます。

A bird flew into the room through the window.
（１羽の鳥が窓から部屋に入ってきた）

the window の例をもうひとつ挙げると，

The window is so dirty I can't see through it.
（その窓はとても汚れており，窓越しに何も見えない）

は through の感じが出ています。

　公園を通り抜ける際にも through を使います。この場合，across も可能ですが，両者の違いをイラストで示すと次のようになります。

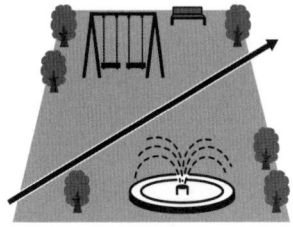

through the park
公園を空間として
とらえている

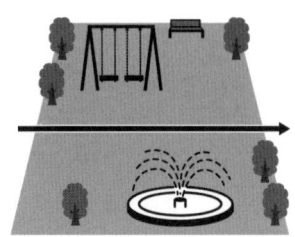

across the park
公園を平面として
とらえている

　「通り抜ける」といっても経路というより「群衆」だとか「激しい雨」で through を使う場合もあります。以下がその例です。

The boy made his way through the crowd to the river.
（その少年は群衆の中を通り抜けて川に行った）

She hurried through the hard rain to see James as soon as possible.
（彼女はできるだけ早くジェームスに会うため激しい雨の中を急いだ）

in
on
at
off
through
by
about/
around
across
along
over
under
above/
below
for
to
with
of
against/
from
その他

through の注意点②

　第2に，through には移動だけでなく，例えば森の中を
道路が通っているという状態を表す場合や，視線が何かを
通り抜けるというふうに，視点が関与する使い方がありま
す。森の中を道路が通っている状況は，There is a road
through the woods. といいますが，イラストで示すと以下
のようになります。

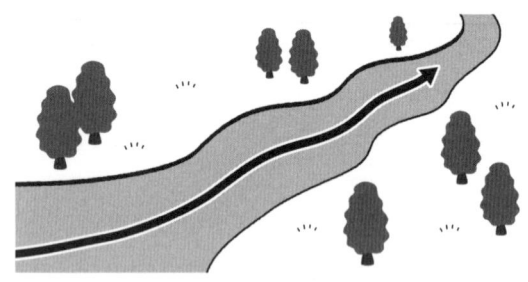

　This path leads through the trees to the river. といえば，
「この小道は木々を抜けて川に通じている」ということで
す。類似した用例として，「壁越しに会話が聞こえた」と
いう状況でも，I was able to hear their conversation
through the wall. といいます。声が壁を通して聞こえてく
るということです。

through の注意点③

　そして第3に，話し手がトンネルの手前からその先を見
ており，トンネルを通り抜けたところに何かがあるという

状態も through で表すことができます。以下がその例です。

in
on
at
through
by
about/ around
across
along
over
under
above/ below
for
to
with
of
against/ from
その他

> Look, there's a castle through the tunnel.
> （ほら，トンネルの向こうに城があるよ）

　同様に，部屋の中に2人の人がいて，ドアの外側に少年がいるという状況も，Look, there's a boy through the door. と表現することができます。ここでも視線がドアを通り抜けて行った先に少年がいるという意味合いです。霧が深い中で3人の人物を見分けることができたという状況でも，

> I was able to make three people through the heavy fog.

のように through を使うことができます。これも視線が霧の中を通過するというイメージです。

　このように through は **「…を通り抜けて」「…を通り抜けている」「…を通り抜けた向こうに」** という空間的な意味を基本として，意味が展開して，いろいろな状況を表すのに使うことができます。

▌ いろいろなところを通り抜ける

　以上は，through の基本的な用法ですが，ここで少し応用例も見ておきましょう。

　「通り抜けて」の応用例として「戦慄が体を走った」が

71

あります。これを英語では,

> A shudder ran through me.

といいます。私の中を走り抜けるという感じですね。

　通り抜けるものがもっと具体的な例だと,「これらの書類をシュレッダーにかけなさい」という状況を

> Put these documents through the shredder.

といいます。シュレッダーに通す感じが through で表現されています。

> We have to push through today's difficulties for the sake of tomorrow.

といえば,「明日のために今日の困難を切り抜けなければならない」ということです。もう少し抽象的な使い方だと,

> Images of my girlfriend spun through my mind.

があります。「恋人の姿がぼくの心を通って浮かんできた」という意味合いです。

よく使う句動詞に，get through があります。

in
on
at
off
through
by
about/around
across
along
over
under
above/below
for
to
with
of
against/from
その他

I have to get through the exams.
(その試験を通過しなければならない)

のように使います。

「通路・貫通」 が through のコア図式ですが，平面的な場所に適用されると **「くまなく」** という意味もでてきます。ただし「場所全体を」が強調されるときは，through ではなく，search throughout the office（オフィスの中をくまなく捜す）のように throughout（いたるところに）を使います。

通してずっと（時間）

「時間」にコア図式を転用すればどうなるでしょうか。**「…の間ずっと」** という意味合いになります。

Through the dry spell, farmers suffered greatly.

というと，「日照り続きで農民たちは大変苦労した」という意味です。「日照り続きを通して」という感じです。口語的な言い方には，

be through hell（地獄を経験する）

73

があります。It looks like you've been through hell. のように使います。「ずいぶん，大変だったみたいだね」ということです。

時間の through といえば，

> We are open Monday through Friday.

があります。Monday through Friday は金曜日を含みます。from Monday to Friday と表現してもほぼ同じ意味内容を表現することができますが，はっきりさせる場合に from Monday through Friday あるいは from Monday to Friday inclusive と表現します。

> Our kids are too young to sit through the concert.

といえばどういう意味でしょうか。sit through the concert は「コンサートの間中ずっと座る」ということで，「子どもたちは幼過ぎてコンサートの間中ずっと座り続けるのはむりだ」ということです。

> It rained through the morning.
> （午前中ずっと雨が降った）

は，It rained throughout the morning. とすることで意味を強調することができます。また，all を使って It rained all through the afternoon. と表現することで強調することもできます。

終了

このように through には**「終わりまで」**という意味合いが含まれ，それが活動などに適用されると，**「活動の終了」**の意味になります。そこで次のような会話が成り立ちます。

A：Are you through with the book?
（その本は読み終えました？）※この through は副詞
B：No, but I'm halfway through it.
（いや，半分読んだところです）

「終了」の through は副詞的に使うことも多く，何か活動をしていて I'll be through in a moment. といえば「すぐに終わります」の意味になります。活動のプロセスを通り抜けるということです。「活動を終える」ということは「活動を経験する」ということでもあり，I've been through a lot. といえば「これまでいろいろ経験してきた」という意味になります。I feel I'm going through something myself. だと「自分で何かを体験しているような気がします」といった意味になります。

方法

「通して」のコアは**「…という方法を通して」**という意

in
on
at
off
through
by
about/
around
across
along
over
under
above/
below
for
to
with
of
against/
from
その他

75

味にも展開します。

> We were able to get the pay raise through collective
> bargaining.
> (私たちは団体交渉を通じて昇給を確保することがで
> きた)
>
> I met her through a mutual friend of ours.
> (彼女とは共通の友だちを通して知り合った)

という意味です。

> Some say there is nothing we can't do through (via) the
> Internet.
> (インターネットを使ってできないことは何もないと
> いう人がいる)

のような使い方も同様です。「口コミを通して」だと
through word-of-mouth と、はやり through を使って表現
します。ナオミのおかげで仕事を手に入れることができた
という状況も、It was through Naomi that I got the job. の
ように、through を使って表現することができます。

▎理由

また、「何かの理由を通して…になった」という状況だ

と，through は「**理由**」を表すことがあります。例えば，

There's no excuse if you failed through lack of effort.

は「努力不足で失敗したのなら言い訳はなしだ」という意味です。「しっかり頑張ってはじめて成功を得ることができることを覚えておきなさい」だと，

Remember you can only achieve success through hard work.

になります。

　最後に，through の実例を2つ引用しておきます。

We're born alone, we live alone, we die alone. Only through our love and friendship can we create the illusion for the moment that we're not alone. [Orson Welles]
（私たちはひとりで生まれ，ひとりで暮らし，ひとりで死んでいく。愛と友情を通してのみ，私たちはひとりではないという幻想の瞬間を作り出すことができるのだ）

There is no easy walk to freedom anywhere, and many of

in
on
at
off
through
by
about/around
across
along
over
under
above/below
for
to
with
of
against/from
その他

us will have to pass through the valley of the shadow of death again and again before we reach the mountaintop of our desires.   [Nelson Mandela]

（どこにも自由への楽な歩みというものはなく，私たちの多くは，私たちが望む山の頂に到達するまでにいくたびもの死の影の渓谷を通り抜けなければならないだろう）

through の指導アイデア

in

on

at

off

through

by

about/
around

across

along

over

under

above/
below

for

to

with

of

against/
from

その他

▌気づき活動

T：ここでは through を取り上げましょう。どんな例文を思いつくかな？

S：車がトンネルを抜けているような，感じです。

T：そうだね。I'm driving through the tunnel. は典型的な使い方だ。ところで，I'm half way through the book. といえばどういう意味だろう？

S：本を半分通り抜けた，ということなので，「半分読んだ」ということだと思います。

T：その通り！　ちょうど，本を読むプロセスを「通り抜ける」through のイメージになぞらえているんだよ。

S：「本を読み終えました」だと，I'm through the book. でいいのですか。

T：I'm through with the book. のほうが自然だね。本の場合は読み終わったという意味だが，I'm through with Jim. といえばどういう意味だろう？

S：ジムは人なので，人を通り抜ける？　よくわからないです。

T：この場合，「ジムとは関係が終わっている」という意味なんだ。

79

理解活動

　以下は，Harper Lee の名作 *To kill a Mockingbird* からの引用です。through の使い方に注目してみましょう。

It was times like these when I thought my father, who hated guns and had never been to any wars, was the bravest man who ever lived. ……He was willing to walk through the world and see for himself.

（ちょうどこのようなとき，銃を嫌い，戦争に一度も行ったことのない父が，これまで生きてきた中で最も勇敢な男だと思った。（中略）父は進んで世界を直に経験し，自分で世界を見ようとしたのだ）

　この walk through the world は文字通りには「世界を歩いて通り抜ける」ということです。実際歩いて世界を経験するという意味合いですね。You've been through a lot. という決まり文句があります。そのままだと「たくさんのことを通り抜けてきた」ということですが，「いろいろ苦労してきた，いやな思いをしてきた」というネガティブな意味合いが強い表現です。なお，いろいろ困難なことをくぐり抜けるだと，go through a lot となります。

関連化活動

in
on
at
off
through
by
about/
around
across
along
over
under
above/
below
for
to
with
of
against/
from
その他

下の6つの例文の番号を，through の意味の広がりを示したネットワーク図の該当するボックスに入れましょう。

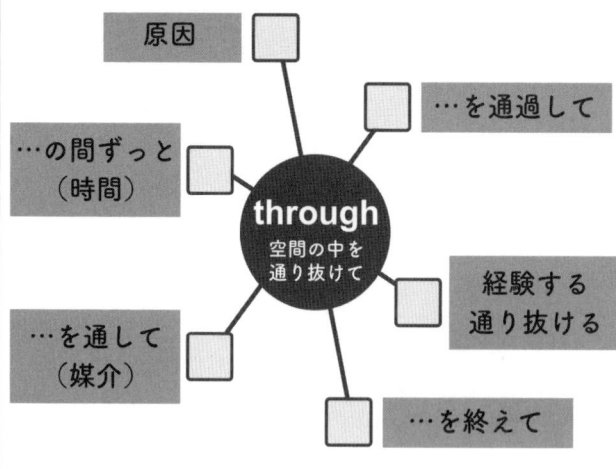

① He went through a lot of hardships.

② I'm through with the homework.

③ I always relieve stress through exercise.

④ I have a constant headache through lack of sleep.

⑤ He worked part time all through summer.

⑥ The woman walked through the tunnel.

①経験する・通り抜ける　②…を終えて　③…を通して（媒介）　④原因
⑤…の間ずっと（時間）　⑥…を通過して

産出・自動化活動

My 単語帳

Name _____ Date _____

前置詞 through

課題 ここで学んだ through の用例を5つ選んで下線部に書き込みましょう。新たに用例を追加するとすれば何にしますか。自分で考えましょう。そして、コア・イメージを意識しながら用例の音読を5回以上しましょう。

through

空間の中を
通り抜けて

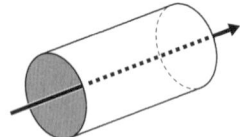

例文

_____

_____

_____

_____

_____

_____

by の教養

in

on

at

off

through

by

about/
around

across

along

over

under

above/
below

for

to

with

of

against/
from

その他

by のコア・イメージ

　前置詞の by に「むずかしい」という印象を持っている
人は多くないのではないかと思います。ほとんどの人は,
by は「そばに」ということだと考えて, それで済ませて
いるのではないかと思います。

　しかし, たいていの学習英和辞典をみると, 小さな文字
で 2 頁にわたりぎっちり by の用法の説明が書かれていま
す。その中には, 「期間」を表す by が載せられており,
work by night and sleep by day（夜の間に働き, 昼の間に
眠る）という用例が示されています。同じ by が使われて
いるのであれば, 何か共通項があるはずですが, 「そば」
と「期間」はどう関係するのでしょうか。ほかにも「単位
の by」「原因の by」「関連の by」などが辞典にはリストさ
れており, ますます by の意味がわからなくなってしまい
ます。また, 「そば」だとか「近くに」に当たる前置詞に
near, beside, next to などがあります。by との違いは何で
しょうか。

by の特徴を理解するには，by のコアを示すのが一番です。一言でいえば，**「…に近接して」**が by のコアです。「(物理的に) そばに」という一般の理解と変わりません。しかし，by の豊かな用法を理解するには，「何かのそばに (あるいは，何かに近接して)」から「近くに寄って」を経由して「何かに拠って」と意味が展開することを押さえる必要があります。

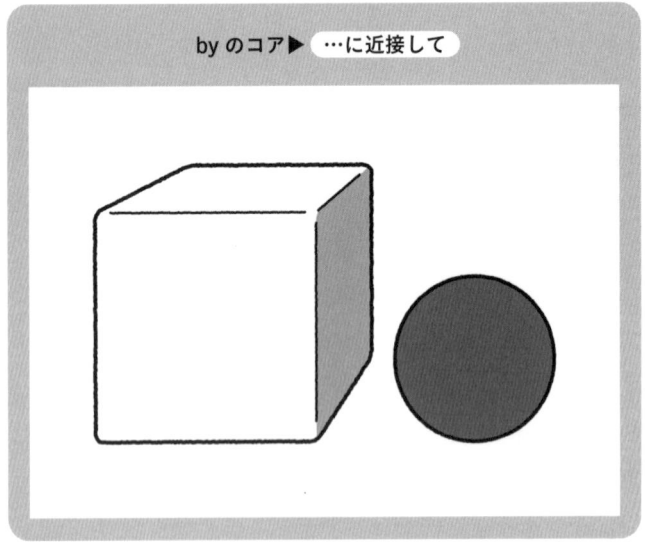

by のコア▶ …に近接して

場所に用いられると，静止した状態だと「…のそばに」という意になり，物理的に対象と接近していることを表します。

My house is by the lake.

といえば，「家が湖のそばにある」ということです。一方，

> A red car passed by the lake.
> （赤い車が湖のそばを通りました）

のように，移動動詞と一緒に使われた場合には，「…のそばを通る」ということから「通過」とか「経過」という意味合いが出てきます。しかし，by だけに注目すれば，「対象のそば」ということで共通しています。

「近くに」の意味の near という前置詞があります。

> My house is near the lake.
> My house is by the lake.

の違いですが，by the lake は物理的に「すぐ近く（そば）」という意味になるのに対して，near the lake は，例えば徒歩で10分でも可能です。near は物理的というより，心理的に遠近関係で「近い」ということです。

受動態の by

by といえば，受動態を思い浮かべる人が多いと思います。

> The vase was broken by the cat.

in

on

at

off

through

by

about/
around

across

along

over

under

above/
below

for

to

with

of

against/
from

その他

がその例です。この by は行為者（花瓶をこわした人）を表す用法とされ、「そば」の意味とは無関係と思われがちです。しかし、ある著名な米国の言語学者は、この by も by the lake の by と関連性があるという議論をしています。一方に「花瓶がこわされた」という状況があり、そのそばに猫がいるという情景を想像してみてください。すると、「現場にいる猫が花瓶をこわしたのだろう」という推測をするでしょう。だとすれば、broken by the cat の by も空間的な意味（「そば」）が生きているということになります。

You never play by the rules.

という言い方があります。「君のやり方はいつもフェアじゃない」ぐらいの意味です。この by the rules に注目してください。そのまま「規則（集）をそばに置いてプレイする」といえば、「ルール通りにプレイする」という意味になります。もちろん、「規則をそばに置いて」は比喩的な意味合いにおいてのことです。「規則を守って行動しなきゃいけないよ」だと You've got to play by the rules. になります。

「手段」の by

この考え方を少しだけふくらませると、「何かに近接して」ということは、「何かが手の届くところにある」ということであり、そこから「何かに拠って」という意味合い

が派生する，と考えることができるでしょう。何かに拠ってということは**「何かを手段にして」「何かに依拠して」**ということです。

> I commute by bus.

は，「バスで通勤する」ということです。この by bus は「交通手段としてのバス」ということです。つまり，「バスに拠って通勤する」が commute by bus なのです。「バスで」は by bus ですが，「電車で」「タクシーで」はそれぞれ by train, by taxi となります。交通手段なので，the train や a train になりません。同様に，「空路で」「海路で」「陸路で」もそれぞれ by air, by sea, by land となります。「商品はすべて空路で輸送される」だと All the goods are transported by air. となります。

　なお，手段は「道具」とは違います。by は手段を表し，with は道具を表します。

　道具は**典型的に手にすることができる何か**です。例えば open the door with a hairpin だと「ヘアピン」という手にすることができる道具を表します。open the door by force といえば「力づくでもドアを開ける」という意味になりますが，この by force はまさに手段です。「なんとしても」の意味の表現に by all means がありますが，まさに，「どんな手段に拠っても」ということですね。他にも次のような類例があります。

in
on
at
off
through
by
about/
around
across
along
over
under
above/
below
for
to
with
of
against/
from
その他

> ・by nature（生まれつき）
>
> ・by accident（偶然に）
>
> ・by instinct（本能的に）

　nature は「自然，本性」という意味合いで，「本性によって」から「生まれつき」という意味合いになります。by accident や by instinct にしても，「偶然によって」「本能によって」と考えると，それぞれの意味が理解できると思います。

　別の例を見てみましょう。例えば，

> I learned English by watching American TV.

だと「アメリカのテレビを見ることで英語を学んだ」となり，テレビを見ることが英語を学ぶことの手段として示されます。

　手段の by は，

> She went to Los Angeles by way of Korea.
> （彼女は韓国を経由してロサンゼルスに行った）
>
> learn words by rote（丸暗記する）

などにも見られます。required by law（法律によって）や

by common consent（合意によって）など準拠的な意味合いも「何かに拠って」の延長と考えることができます。

　なお，手段の場合は「by ＋無冠詞の名詞」になるのが絶対かといえばそういうわけでもありません。「田舎道のルートを使うと早いよ」だと，

You can get there quicker by taking the country route.

となります。また，

Bill grabbed Naomi by the arm.
（ビルはナオミの腕をつかんだ）

という用法があります。by the arm も，ナオミを掴む手段としての腕と考えることができます。この場合，身体の部位なので the arm となります。

単位の by

　さらに，次のような特殊と思えるような用例の背後にも**「拠って（手段）」**の意味を読み取ることができます。

We pay by the hour.
（時間ぎめで支払います）

We sell pork by the pound.

in

on

at

off

through

by

about/
around

across

along

over

under

above/
below

for

to

with

of

against/
from

その他

> （豚肉はポンドいくらで売っている）
>
> Bill is older than John by five years.
> （ビルは5歳だけジョンより年上だ）

　最初の2つは,「時間という単位で」「ポンド単位で」という
ことで, **支払いや売買の手段**を by が表しています。
3つ目の例も,「5歳分だけ」ということで年齢の差を示
す単位と考えることができます。「卵は1ダース単位で売
られている」だと Eggs are sold by the dozen. となります。

┃ 時間の by

　近接性は時間的に用いられると **「…までには」** というこ
とで, ある時点を過ぎなければその手前でもよいことにな
ります。そこで,

> I'll be back by 5 o'clock.

だと5時が基準時となり, それまでに戻ればよいことにな
るわけです。
　「…までに」を表す前置詞に by と until/till があります。
両者の違いはハッキリしており, by は **「未来のある時点
までに」**, until/till は限界点を示し **「継続状態の終点」** を
表します。by は継続を表す動詞と相性が悪く, until は瞬
間的な行為を表す動詞と相性が悪いといえるでしょう。

She will come by twelve.　→自然

She will come until twelve.　→不自然

She ran until six.　→自然

She ran by six.　→不自然

　否定文では，この制約はなくなりますが，以下の通り by と until とでは意味合いが異なります．

She won't come until twelve.

（彼女は12時になるまでは来ない）

　　→「12時に来る」という含みがあります．

She won't come by twelve.

（彼女は12時までは来ない）

　　→「12時以降に来る」という含みがあります．

She didn't run until six.

（彼女は6時になるまで走らなかった）

　　→「6時に走った」という含みがあります．

She didn't run by six.

（彼女は6時までは走らなかった）

　　→「6時以降に走った」という含みがあります．

in
on
at
off
through
by
about/
around
across
along
over
under
above/
below
for
to
with
of
against/
from
その他

時間を表す by で少しわかりにくいのが, 「…の間」 の意味合いで使われる場合です。

work by night and sleep by day

がその例です。たいていの辞典では during と同じ意味としていますが, by と during は異なった単語であり, 同じ意味といえば言い過ぎになります。やはり, この by にも近接性がひそんでいると考えるべきです。すなわち, **ある活動や状態の傍らで時間が過ぎて行く**というとらえ方です。

　ある写真の説明書きに Windmills by night とありました。アムステルダムの風車の写真でしたが, 前景として風車に目が行くようになっており, その傍らを見ると夜のとばりが下りているという情景が描かれていました。まさに, by night ですね。

about / around の教養

in

on

at

off

through

by

about/
around

across

along

over

under

above/
below

for

to

with

of

against/
from

その他

▌ about と around のコア・イメージ

about と around は「あたり」「周辺」「周囲」「だいた
い」といった意味合いが辞書に載っており，時に，混乱し
そうです。「だいたい 6 時頃です」は It's about six o'clock.
とも It's around six o'clock. ともいいますね。about は日本
語でもアバウトといい，主に形容詞的に「アバウトな人」
のように用いられ，「細かいことにとらわれない」と「正
確さを欠いていいかげんな」という意味になります。一方，
around については，日本語では日常的にアラウンドとい
う言い方はしませんが，ラウンド（round）はよく使われ
る言葉です。

これは語彙一般についていえることですが，前置詞の理
解において大切なことは，**「形が違えば，意味も異なる」**と
いうことです。例外はありますが，完全な同義語というも
のは存在しないということです。この観点からすると，
about と around は異なる単語です。では，この 2 つの前
置詞の違いは何でしょうか。

93

結論をいうと，about は，何かある対象のあたりを表す前置詞であり，**「周辺」** を表す前置詞です。一方，around はぐるっと取り囲むということから **「周囲」** を表す前置詞です。これがそれぞれの前置詞のコア（本質的な意味）です。両者の違いを図式的に示すと以下のようになります。

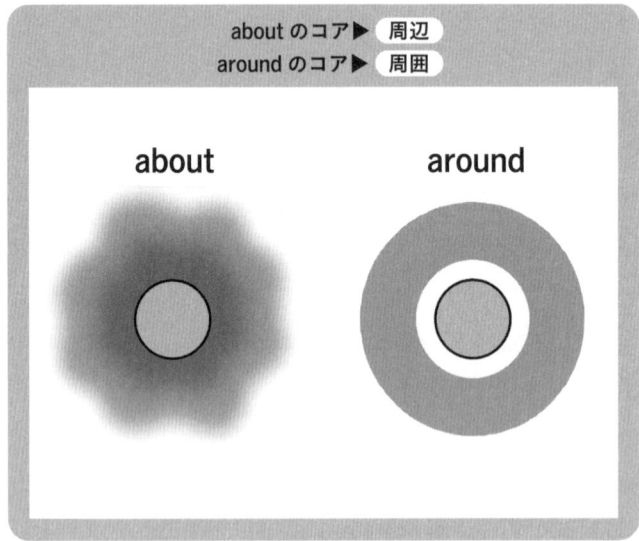

ここでいう「周辺」は **「あるものを中心にした付近」** ということです。一方，「周囲」は **「あるものを取り囲んだまわり」** ということです。例えば，お祭りか何かで「焚火のまわりで踊っている」という状況だと，

Young men and women are dancing around the bonfire.

となるでしょう。一方，子ども部屋で「雑誌が部屋中に散

らかっている」という状況だと,

Magazines are scattered about the room.

と about が使われます（around も可能）。湖のまわりに高層ビルが建っている状況では,

High-rise buildings are built around the lake.
High-rise buildings are built about the lake.

の両方が可能ですが, 湖をぐるっと囲むように建物が立っていれば around がピッタリです。

　around の感覚がわかりやすいのは, 「木に黄色のリボンがむすぶ」という状況で,

She put a yellow ribbon around the tree.

と表現する場合です。ここで about は使いません。

　「ニューヨークをぶらぶら歩く」だと, walk about New York と walk around New York の両方が可能です。しかし, 行く場所が予定に組み込まれている場合には, walk around New York のほうが自然です。同様に, 「バリ島をいろいろ回って, それからジャワを旅して回った」という場合も, I travelled around Bali first, then Java. と around を使います。

in
on
at
off
through
by
about/
around
across
along
over
under
above/
below
for
to
with
of
against/
from
その他

食卓に座る

「夕食ができたので，食卓に座りましょう」という状況だと，

Dinner is ready. Let's sit [about, around] the table.

のどちらが自然でしょうか。ここでは食卓を取り囲むように整然と座ることが意図されていれば，sit around the table が自然でしょう。sit about the table といえば，なんとなく食卓の辺りに座るということで，以下のような情景が連想されるかもしれないですね。

何かについて話す

「何かについて話をする」だと，

People love to talk about the weather.
（人々は天候について話すのが好きだ）

のように talk about something というのがふつうです。話
題に中心を据えて，関連情報も含めて話すという感じが
about でうまく表現されています。「一体，何の騒ぎだ」
に当たる表現だと，

What's the fuss about?

と about を使います。「話題について」は talk on famine
（飢餓に関して）のように on も使いますが，talk about
famine のように about を使うのが自然です。on famine に
なると「飢餓の話題に接して離れない」ということから
「専ら飢餓に関して」という意味になり，専門的な議論を
連想します。

　一方，talk around something は「ある話題のまわりをぐ
るぐる話し，本質に切り込まない」といった意味合いにな
ります。Online Cambridge Dictionary には，次のような説
明が載っています。

talk around

to avoid speaking directly about something

例：He just kept talking around the subject and didn't
　　tackle the main issues.

　（彼はその主題についてぐだぐた話し続け，主要な
問題に取り組もうとはしなかった）

in

on

at

off

through

by

about/
around

across

along

over

under

above/
below

for

to

with

of

against/
from

その他

この回避の意味合いは，around のコアを考えれば，よく理解できると思います。

「だいたい」の意味の about と around

　「だいたい」という意味では，about も around もほぼ同じ意味合いで使います。

It's about [around] twelve o'clock, two minutes to twelve, to be exact.
（だいたい12時ごろです。正確には12時2分前です）

　about だと12時のあたり，around だと12時のまわりということで，いずれにせよ「だいたい」ということに変わりはありません。しかし，「24時間ずっと」という意味の熟語は around the clock であって，about the clock にはなりません。

Rescues are working around the clock to find survivors.

といえば「救助者たちは生存者を見つけるのに24時間体制で働いている」といった意味になります。
　「だいたい」の意味合いで about を使う重要構文に It's about time… （そろそろ～するときだ）があります。

It's about time to get up.

（もう起きてもいいころだ）

It's about time the public knew the truth.

（そろそろ一般大衆が真実を知ってもよいころだ）

という意味です。

just around the corner

around といえば何といっても around the corner という連語がすぐ連想されます。

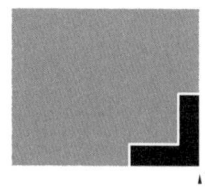

この around the corner の使い方としては以下の３つが基本です。

（1）Runners are running around the corner.

（ランナーたちはコーナーを回っています）

（2）There is a coffee shop around the corner.

（角を回ると，コーヒーショップがあります）

（3）There is a white line around the corner.

（角の回りに白線が引いてある）

in

on

at

off

through

by

about/
around

across

along

over

under

above/
below

for

to

with

of

against/
from

その他

最初の例は，コーナーを移動している様子を表現しています。これは**移動**の around です。２つ目の例は，角の手前にいて，角を回るとコーヒーショップがあるよと伝えている場合です。これは，手前にいて角を回るということから，話し手の**視点**が関与する例です。そして，３つ目の例は，文字通り，角を回るようにぐるっと白線が引いてある状況を表しています。これは**状態**の around だといえるでしょう。このように，「**移動**」「**視点**」「**状態**」の３つが around の理解において押さえておきたいポイントです。

　視点が関与する２つ目の応用として，Christmas is just around the corner. といえば「もうすぐクリスマスだ」という意味になります。角のところまでクリスマスが来ているという感じですね。

▎「手元のお金」

about の用法として，

Sorry I have no money about me right now.

というのがあります。「ごめん，手元にお金がないんだ」という意味合いです。文字通り，自分のまわりにお金がないということです。お金の携帯を重視すれば，have no money with me となり，「身につけている」ことを重視すれば，have no money on me となります。

　この about に近い表現に，

100

There is something strange about Jack.

があります。「ジャックには何か不思議なところがある」
という意味です。ジャックのまわりに不思議な雰囲気が
漂っているという感じでしょうか。

There is something ridiculous about it.
（そのことについては何かバカバカしいところがある）

There is something wrong about this conclusion.
（この結論には何か問題がある）

のように，**There is something + 形容詞 + about** もよく
使われる構文です。

▌副詞の用法

about にも around にも副詞の用法があります。

The rumor has been around for years.

というと，「その噂は何年も（語り継がれて）ある」と
いった感じです。

in
on
at
off
through
by
about/
around
across
along
over
under
above/
below
for
to
with
of
against/
from
その他

> Litters are scattered all around.

だと,「ゴミがそこら中に散らかっているという意味です。

　副詞の about については,be about to という熟語表現にも注目したいところです。副詞になっても前置詞の意味を継承しており,about は「何かをしようとすることの周辺にいる」ということから**「まさに…しようとしている」**という近接感が強く,未来時を明示的に表す tomorrow, next Monday などの副詞とは一緒に使われません。一方,be going to には**「（気持ちの上で）すでにある動作に向かっていて,予定済みのことである」**という意味合いがあります。そこで I'm about to leave. だと「まさに今でかけようとしているところだ」の意であるのに対して,I'm going to leave. は「でかけるつもりだ」の意で,それは「今すぐ」ということもあれば「来月」ということもありえます。about は物理的に「あたり」ということなので,I'm about to leave tomorrow. のようには決していえません。**「今まさに」という感覚は「何かのあたりにいる」から来る**のです。

■ アメリカ英語とイギリス英語の差

　英米での差についていえば,イギリス英語では,円を描くような場合,「位置」「運動」ともに round が使われますが,「位置」については around も使われます。「運動」の

場合は round がふつうですが，**「…のあちこちを回る（不定の動き）」**だとか**「大体…（概略）」**という場合には，around あるいは about もよく使うようです。around と round は同じような意味ですが，**「（建物などの）内部**をぐるぐる回る」場合は around で，「**外部**をぐるぐる回る」場合は round を用いる傾向があるという指摘もあります。ただし，around と round の区別はイギリス英語でも厳密には明確でないのが実情です。

The thieves moved round the bank in silence.
（強盗たちは銀行の周りを無言で回った）

They were dancing around the room.
（彼らは部屋の中で踊っていた）

　一方，アメリカ英語では，円を描くような場合，「位置」か「運動」あるいは「内部」か「外部」かに関係なく around がふつうです。「…のあちこちを回る」だとか「大体…」の場合は，イギリス英語と同様に around あるいは about を用いるようです。

　いずれにせよ，**around は「周囲」，about は「周辺」**と理解し，p.94 のようなコア・イメージを頭に入れておくと，両者の違いは，クリアになると思います。

in
on
at
off
through
by
about/
around
across
along
over
under
above/
below
for
to
with
of
against/
from
その他

across の教養

■ across のコア・イメージ

across という前置詞の形を見ると，**a + cross** で成立していることがすぐにわかります。この a- は along や around にも見られますね。ashore や afire の a- と関連しています。cross は**「交差する」**という意味で，何かと何かが交差した状態にある，というのが across の語源的な意味合いです。しかし，この across の代表的な使い方は，経路を表す用法に見られます。

そこで，across のコアですが，**「平面を横切って」**と記述することができます。イラストで示すと、次頁のようになります。

「少女が道路を走って渡っている」という状況だと，

The girl is running across the street.

となるでしょう。

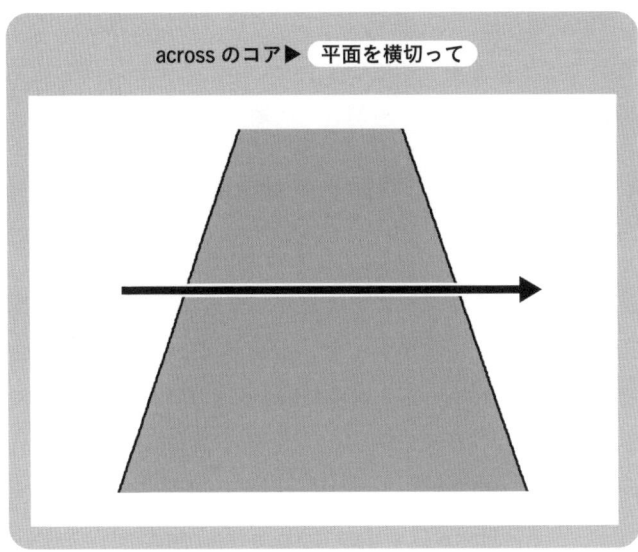

across のコア▶ 平面を横切って

in

on

at

off

through

by

about/
around

across

along

over

under

above/
below

for

to

with

of

against/
from

その他

日本語と英語の違い

ここで，日本語と英語の違いに注目してみましょう。つまり，英語の across は前置詞ですが，日本語の対応表現は動詞的であるという点です。以下を比べてみましょう。

・She went across the road.

・She ran across the road.

英語では **「移動動作（go, run）+ across the road」** で共通していますが，日本語では表現の仕方が変わります。前者は「彼女は道路を横切った（横切って行った）」で，後者は「彼女は走って道路を横切った」となります。つま

105

り，run across the road は日本語では「道路を横切って走る」ではなく**「走って横切る」**ということです。横切る際の様子を「走って」で表現しているわけです。

「視点関与」と「状態」の across

さて，across の基本的な意味は，「移動の経路を表す」というものですが，状態を表す使い方もあります。また視点が関与する使い方もあります。例えば，There is a tree across the road. という表現の解釈として，以下のイラストで示した２つが考えられます。

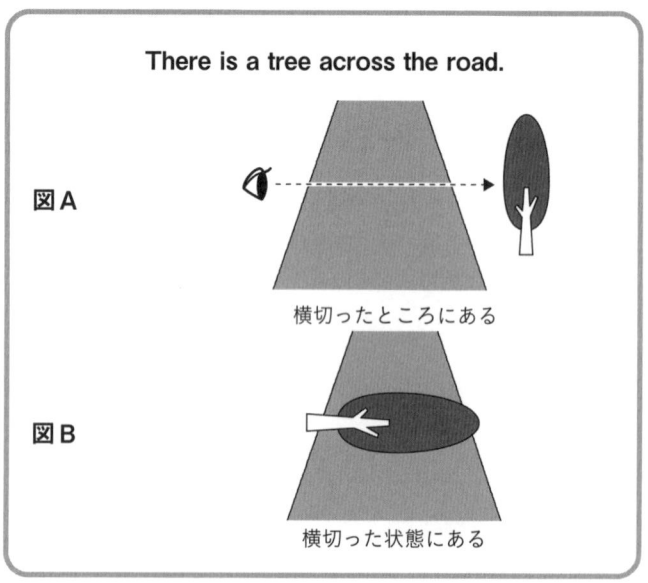

There is a tree across the road.

図A　横切ったところにある

図B　横切った状態にある

図Aでは，話し手の視点は，道路の手前から木と道路の関係をとらえており，木への視線が道路を横切っているの

で，across の関係が生まれます。これは**「視点関与」**の across です。Aの状況で話し手が木の側に立っていれば，a tree across the road とは表現できません。一方，図Bの状況は話し手がどこにいても across を使うことが可能な場合で，これは**「状態」**の across です。しかし，ここでもポイントは，**「平面を切って」**というコアは共通しているということです。視点関与の解釈の場合には「視線が横切る」と考えることができ，状態の場合は，「木が道路に交差している」ところに「平面を横切る」というイメージを読み取ることができます。

in
on
at
off
through
by
about/
around
across
along
over
under
above/
below
for
to
with
of
against/
from
その他

A tree fell across the road and became a barrier to traffic.

（１本の木が道に倒れて，交通の妨げとなった）

も倒れた状態に焦点がある同様の表現です。

across の意味は「…を横切って」をコアにして，**「…の向こう側に」「…を交差して」**という使い方があり，後述するように，「横切って」のさらなる展開として**「…の至るところから」**の意味合いで使われます。

視点関与の解釈の across の例には以下があります。

My car is parked across the road.

（僕の車は道路の向こう側に駐車している）

He sat across the table from me.

（彼は私の向かい側に座った）

The subway station is just across from the park.

（地下鉄の駅は公園をちょうど越えたところにあります）

この視点が関与する across は，just across だけでなく，right across のような形で使われることが多いようです。

He sits down **right across** from me and when he looks at me he is looking me directly in the eye.

From the library doors, one has an unbroken view **right across** the entrance hall to the main doors of the house.

「交差」の across

「交差」の across の例としては

He has a scar across his face.

（彼の顔にはほおを横に走る傷がある）

He folded his arms across his chest.

（彼は胸のところで腕を組んだ）

などがあります。また，

> They put oil pipes across Alaska.

も，「彼らはアラスカを横断する石油パイプを敷いた」ということで「交差」の例だといえます。

┃「至るところから」の across

across には前述のように **「至るところから」** の意味合いでの使い方もあります。

> People came from across the nation to attend the conference.

といえば，「その会議に出席するために人々は国中からやってきた」ということです。これは，国中のいろいろな地点から会議が行われる場所まで移動する複数の経路が across で表現されている使い方です。

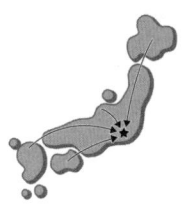

in
on
at
off
through
by
about/
around
across
along
over
under
above/
below
for
to
with
of
against/
from
その他

以下は同様の例です。

Every fall, you welcome students from all across America and all across the globe. [Barack Obama, *Speech for Victims of the Boston Bombing*, 2013]
（毎年秋には，アメリカ中から，そして世界中から学生たちを受け入れている）

　ここで興味深いのはアメリカ全土だけでなく，地球全体を across の対象にしていることです。across を使うことで，海外からボストンに留学する学生たちの動きを平面を横切る動きとしてとらえているということです。「世界から弧を描くようにやって来る」という意味合いの from all over the world という表現と対比することができます。

平面であること／障害物がないこと

　across は「平面を横切って」がコアであるため，障害物が想定される際には使うことができません。例えば，移動の際に山が立ちはだかる場合には，go across the mountains とはいえず，go over the mountains と表現します。over には **「障害物を越えて」** というコアがあるためです。つまり，across が使われている際には，**「平面を横切る移動」** が想定されていると考えることができます。以下もオバマ大統領の第1回就任演説からの引用ですが，across が oceans に対して使われています。

For us, they packed up their few worldly possessions and traveled across oceans in search of a new life.

[Barack Obama, Inaugural Address, 2009]

私たちのために，彼らはなけなしの財産をかばんに詰め，新しい生活を求めて大洋を渡ってきた。

in
on
at
off
through
by
about/around
across
along
over
under
above/below
for
to
with
of
against/from
その他

「海」は越える何かのように思われますが，across を使うことで「平面としての海」が意識されているということになります。「川」は歩いて横切ることはできないため，He walked across the river. は（橋が前提にならない限り）不自然です。一方，泳いだり，船や飛行機で横断したりすることは可能であるため，swim across the river や sail/fly across the river [the ocean] は可能な表現となるわけです。空でも，「流れ星が横断して空に長い尾を引くのを見た」という場合だと I saw meteors streaking across the sky. のように across を使うことが可能です。「星が流れた」も across を使って A star shot across the sky. のようにいいます。

このように，across の場合は「…を横切って」が基本であるため，**対象が平面である**こと，そして**平面を移動する際に障害がない**こと，の2つがその使用条件となります。これは状態を表す across の場合も同じです。

111

across, over, on the other side of

日本語の「…の向こうに」に対応する英語前置詞として，**across, over, on the other side of** を挙げることができます。それぞれの特徴は，次のようにまとめられます。

---

across：**「平面を横切ったところに」**の意。線や自由に横断できないような障害物が対象物のときは，across は使えない。

over：**「障害物を越えたところに」**の意で対象は障害物，対象物が単なる平面や線の場合 over は使えない。

on the other side of：**「向こう側に」**の意。こちら側と向こう側を分ける境界（線・平面・障害物）があるとき用いる。

例えば，白線は面ではありません。そこで，「その白線の向こうに財布がある」という状況では across は使えず，

There is a wallet on the other side of the white line.

と on the other side of を用います。「こちら」と「あちら」を区別する何かがあれば，それが線であれ，面であれ，障害物であれ，自由に on the other side of を使用することができます。一方，over の場合は，「越えていった向こう

に」ということなので，道路の向こうに桜の木がある，という状況では，使用することができません。道路は移動上の障害物とは見なされないからです。そこで，

> There is a cherry tree across the street.

といいます。一方，壁の向こうに何かがあるという状況だと，over の出番になります。橋などを車で走る状況では，drive over the bridge と drive across the bridge の両方が可能です。橋を走るのは同じですが，over になると「川を越える」感じが出てくるように思います。あえてイラストで誇張して示すと以下のようになります。

drive across the bridge   drive over the bridge

　最後に，across の用法は前置詞が中心ですが，副詞的な使い方もあります。その場合，**「横切って」**と**「幅が(…で)」**の2つの意味合いになります。「ここを真っすぐ横に切ってください」だと Cut this part straight across. といいます。一方，This river is 500 meters across at the mouth. といえば，「この川は河口のところで，幅500メートルある」という意味です。

in

on

at

off

through

by

about/
around

across

along

over

under

above/
below

for

to

with

of

against/
from

その他

along の教養

along のコア・イメージ

along は，文字を見ればわかるように，**a + long** で作られており，日本語の「(長いものに) 沿って (移動の行程・流れ)」の意に対応する前置詞だといえます。なお，日本語では，同じ経路前置詞でも across は「〜を横切って」，along は「〜に沿って」となり，助詞が異なります。

along のコアをイメージで示すと下のようになります。

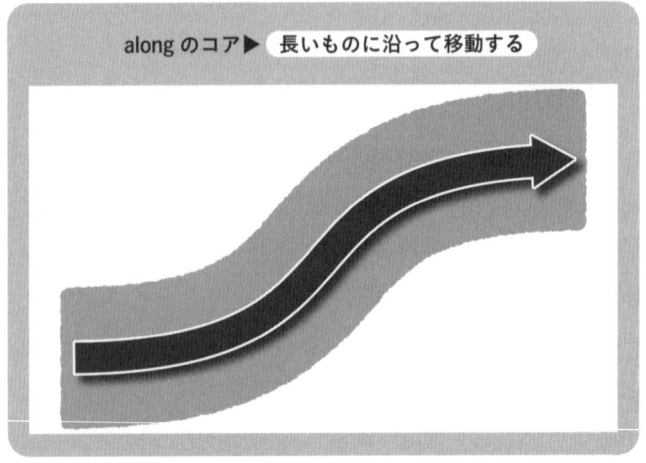

along のコア▶ 長いものに沿って移動する

「何か長いものに沿って移動する」というのがここでの
イメージですが，along には３つの基本的な使い方がある
ことを押さえておきましょう。

▎移動の along

　第一に，移動の「経路」を示して，**「～に沿って（移動
する）」**という意味での使い方です。

> They're walking along the path.
> （彼らは小道に沿って歩いている）
>
> We're driving the car along the mountain road.
> （われわれは山道沿いに車を走らせている）

のように，道路の中を流れに沿って移動するという使い方
だけでなく，

> I walk my dog along the river every morning.
> （毎朝，川沿いに犬を散歩させる）

に見られるように，川の流れに沿って，道路を散歩させる
という状況でも使います。

> We followed the path along the shore for several miles.

in

on

at

off

through

by

about/
around

across

along

over

under

above/
below

for

to

with

of

against/
from

その他

といえば，「われわれは海岸沿いの道を数マイル進んだ」という意味です。

　「長いものに沿って」という along は「木材の長さに目をやる」という状況でも，Let me look along the length of the wood. のように応用することができます。ここでは「視線が木材に沿って移動する」と考えるといいですね。

状態の along

　along の 2 つ目の使い方は，**「〜沿いにある」**という意味で「状態」を表す場合です。

There are cherry trees along the street.

といえば，桜並木を連想するでしょう。

They built a fence along the sidewalk.

だと，「歩道に沿ってフェンスを立てた」ということです。野生のイチゴが登山道に沿って生えるという状況も，

Wild strawberries grow along the mountain trail.

と表現することができます。

> Many onlookers stood along the embankment.

といえば，「堤防沿いにたくさんの観客が立っていた」という意味です。軍隊が国境沿いに駐留していたという状況でも，

> Troops were stationed along the border.

と表現することができます。

視点を伴う along

3つ目の基本的な使い方は，**「…に沿って行ったところに（何かがある）」**という意味の使い方です。これは，「ここから何かに沿って移動していったところに」という意味で，「視点」が関与する（話し手のいるところに視点を置く）用法です。

> There's a nice shop somewhere along the river.

といえば，「この川沿いを進めばどこかによい店がある」ということです。話し手が今居るところに視点を置いて表現していますね。

同様に，誰かの家を探していて，

in
on
at
off
through
by
about/
around
across
along
over
under
above/
below
for
to
with
of
against/
from
その他

> The Nakagawa's house is somewhere along this road.

といえば,「中川さんの家は, この道沿いのどこかにある」
という意味です。

意味の展開

along の展開例は限られており, 経路が「規則」や「方
針」になると考えておくといいでしょう。

> We have to do this along the rules.

は,「規則通りにやらなくちゃいけない」ということです。
日本語でも「その線に沿って計画を進めよう」のような言
い方をしますが, along の使い方は, 日本語の「沿って」
とほぼ同じです。「君の提案した線で進めよう」だと,

> Let's move along the lines of what you suggested.

といいます。

along similar lines (同じような感じで) もよく使う連語
です。例えば, ある女性の結婚式でのドレスが気に入り,
自分の結婚式でも似たようなスタイルのものにしたい, と
表現する場合,

> I was impressed by her wedding dress. I want a style along similar lines for my wedding.

のように表現することができます。

　along the rules, along the line（s）, along similar lines 以外に，along the way もよく使います。「ある期間（のどこか）で」ということです。ふたりはどうして結婚したのかと聞かれ,

> Somewhere along the way in college, we fell in love.

といえば，「大学時代のどこかで，互いに好きになったんだ」という意味です。時間の進行を流れとしてとらえているのがこの along です。

▎副詞用法の along

　決まり表現として，**all along（ずっと）**，**along with（と一緒に）** などの副詞用法も押さえておきたいですね。

> Please sing along with me.
> （私と一緒に歌いましょう）

は，along with の適例です。Please sing with me. でも大丈夫ですが，along with というと，「歌の流れ」がイメージ

in
on
at
off
through
by
about/
around
across
along
over
under
above/
below
for
to
with
of
against/
from
その他

化されます。

　along は副詞用法が発達していて，次のような熟語表現
があります。

---

(1) Are you getting along well with your roommate?
　　（ルームメイトとは仲良くやっている？）
(2) Go along without me. I'll meet you there later.
　　（わたし抜きで進んで行ってください。後で，そこ
　　で会いましょう）
(3) Are you going to bring along some friends?
　　（友人を何人か連れてくる予定ですか）
(4) Let's take along some food and drinks.
　　（食べ物と飲み物を持っていこう）

　副詞の along といっても，意味的には前置詞の along と
同じであり，**「移動の行程・流れ」**を押さえておけば問題
ありません。bring along some friends（友達を連れてくる）
にしても，**「そちらから，こちらへの移動行程」**が強調さ
れた表現だと考えることができるでしょう。なお，「彼女
は妊娠８カ月だ」を She is eight months along. というこ
とがありますが，この along も**「胎児とともに進む行程」**
が表現されています。

　大学生同士の会話で，卒論の進み具合を相手に聞く場合，
次の二通りの言い方があります。

> (1) How's your thesis coming along?
> (2) How's your thesis going along?

　ここで along が使われているのは，論文の進み具合を流れとしてとらえているからです。ここでの表現の違いは，**come along** か **go along** ですが，come along だと「仕上がりが近い」ことが想定され，go along だと「着手して，まだ先が長い」感じがしますね。

　次の2つの文は同じような意味（「彼女は10分ぐらいで来ると言っていた」）を表しますが，ニュアンスの違いは何でしょうか。

> (1) She said she'd be along in about ten minutes.
> (2) She said she'd be around in about ten minutes.

be along だと「向こうからやってくる」のニュアンスが強く，be around だと「このあたりに現れる」というニュアンスです。pass という動詞も pass around, pass along のように2つの副詞を使うことができます。会議などで資料や情報を参加者に回す場合は pass the information around，情報などをだれかに手渡すという場合は pass the information along to someone のようにいいます。「移動の経路」としての along が生きています。

　連語として **all along** もぜひ使えるようにしましょう。

in

on

at

off

through

by

about/
around

across

along

over

under

above/
below

for

to

with

of

against/
from

その他

「これまでずっと」という意味合いになります。いくつか例を見ておきましょう。

> She has been nice to me all along.

といえば、「彼女はずっとぼくに良くしてくれた」ということです。

> I've never changed my political position. That has been my position all along.

といえば、「政治的な立場を変えたことなどない。それがずっと私の立場だ」といったところでしょうか。

さらに along を使った決まり文句を足すと、It's time to move along. あるいは It's time to push along. がよく使われます。いずれも「そろそろ移動する時間だ」ということです。

> A：Would you like another cup of coffee?
> 　　（もう一杯コーヒーはいかがですか）
> B：No, thank you. I guess it's about time to push (move) along.
> 　　（ありがとう、大丈夫です。そろそろ行かなくちゃいけない時間です）

along は「移動の経路」が典型的な意味ということもあり，相性のよい動詞は go, come, move のような移動動詞になります。ほかにも

- carry along
- follow along
- drift along
- flow along
- creep along
- jog along

などがあります。いずれも「何かに沿って移動する」という共通項があります。p.119で sing along を紹介しましたが，read along という言い方もあり，

Read along with me.

といえば「私と一緒に読んで（音読して）いきましょう」ということです。

経路前置詞として，across と through をすでに紹介しました。今回，これに along が加わったわけですが，この3つの前置詞には共通の振る舞いがあることを指摘しておきます。共通の振る舞いというのは，**「移動」「状態」「視点」**の3つの用法があるということです。

in

on

at

off

through

by

about/
around

across

along

over

under

above/
below

for

to

with

of

against/
from

その他

	移動	状態	視点
across	walk across the road	a scar across one's face	a shop across from here
through	run through the tunnel	a road through the woods	a man through the tunnel
along	walk along the beach	trees along the road	a shop along the road

このうち，基本となるのは

・walk across the road（道路を横切って歩く）

・run through the tunnel（トンネルを走って通り抜ける）

・walk along the beach（ビーチ沿いを歩く）

の「移動」の用法です。

・(There is) a shop across from here（ここから向かいの店）

・(I can see) a man through the tunnel（トンネルを通り抜けたところにいる男性）

・(There is) a shop along the road（この道沿いにある店）

では「今・ここの視点」が関与する用法です。

そして，

・a scar across one's face（顔を横切るようにある傷）

・a road through the woods（森を抜ける道路）

・trees along the road（道路沿いの木々）

は「横切った状態にある」「通り抜ける状態にある」「沿った状態にある」ということで「状態」を表す用法です。

in

on

at

off

through

by

about/
around

across

along

over

under

above/
below

for

to

with

of

against/
from

その他

over の教養

over のコア・イメージ

英語の over は日本語でも「予算をオーバーする」「体重が10キロオーバーだ」のように使います。日本語の場合は,「超えている」という意味合いでの使い方に限定されますが, 英語の over にはもっとさまざまな用法があります。しかし, 用法はさまざまでも over の本質的な意味（コア）はひとつです。**「弧を描くように何かを越えて」**が over のコアで, イメージ的には次頁のようになります。

このイメージの焦点の当て方, 動かし方によって over の多様な用法が生まれるのです。over の意味をタイプ別に分類すれば, 次の4つになります。

・上を越えて (I)

・真上に（を）(II)

・全体を覆って (III)

・越えた向こうに (IV)

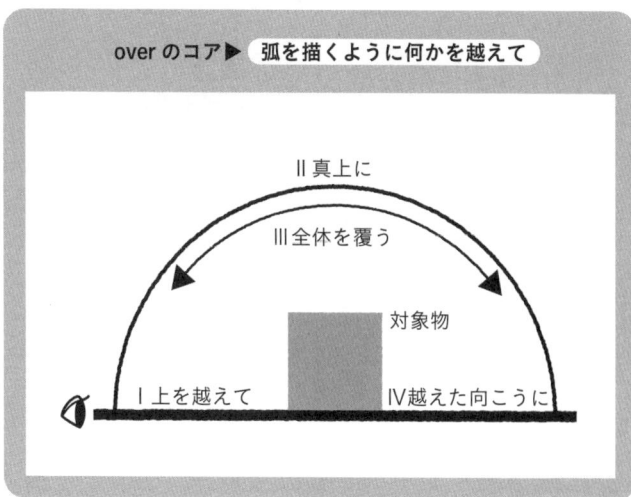

in
on
at
off
through
by
about/
around
across
along
over
under
above/
below
for
to
with
of
against/
from
その他

意味タイプⅠ　上を越えて

Ⅰの「上を越えて」から文字通りの「…を越えて」だけでなく，**「(液体が一杯で) あふれて」「(ある基準を) 越えて」**，さらには**「…をめぐって」「…しながら」**，そして**「ある期間にわたって」**の意に展開します。具体例を見てみましょう。

典型的な例は，

The cat jumped over the fence.
（猫がフェンスを飛び越えた）

です。

127

> I drove over the bridge.
> (車で橋を渡った)

という言い方もあります。この場合，drive across the bridge でもよいわけですが，over だと川を越えるという意が強くなります。

　猫が芝生を越え門のほうに走り去ったという状況だと，

> The cat ran swiftly over the lawn to the gate.

と，over the lawn を使うことができます。視線も移動する何かと考えられ，「肩越しに視線を向ける」だと，look over one's shoulder と over を使います。

　さらに，

> Oil spilled over the container.

といえば，「油が容器からあふれてこぼれた」ということです。これもイメージとしては，液体があふれ出る様子にコア図のような半円形のイメージが働いていますね。

He's over 80 kilos now.

だと，「彼の体重は，今は80キロを越えている」という意味です。これは，60キロ，70キロ，80キロと増える体重の棒グラフのようなものを想定し，80キロの棒グラフを越えたというのが over 80 kilos だと考えるといいですね。people aged 65 or over は「65歳あるいはそれを越えた人」，つまり「65歳以上の人」ということです。

では，

Those two are always quarreling over money.

の over はどうでしょうか。「彼らふたりはしょっちゅうお金のことで喧嘩をしている」ということです。この over はお金という話題を行き来しながらの部分に弧のイメージを読み取ることができます。

垣根越しに会話をしている場面で，

Ted is conversing over the fence with his neighbor.
（テッドは隣人と垣根越しに会話している）

in
on
at
off
through
by
about/
around
across
along
over
under
above/
below
for
to
with
of
against/
from
その他

と表現することも可能です。

> I'll stay here over Christmas.

にしても考え方は同じです。「クリスマスの間じゅうはこ
こにいる」という意味ですが,「クリスマスの期間を越え
て」という意味合いが over Christmas によって表現されて
いるのです。

　同じ時間を表す over に,

> I met her well over a year ago.

という使い方があります。「もう1年以上も前に彼女に
会った」ということですが,過去を振り返って1年の期間
を越えているという感じが over で表現されています。

　接頭辞で over を使う場合,「過度に,度を越して」とい
う意味で使われることがよくあります。overdose は「過
剰摂取（する）」,overemphasize は「過度に強調する」,
overestimate は「過大に評価する」になります。

意味タイプⅡ　真上に（を）

　次にⅡの「真上に（を）」の意味タイプは, **above** に置
き換えることも可能な場合があります。

　例えば,

in

on

at

off

through

by

about/
around

across

along

over

under

above/
below

for

to

with

of

against/
from

その他

> The plane flew over the Pacific Ocean.

は

> The plane flew above the Pacific Ocean.

と表現しても大差はありません。それは上空の部分だけが強調されているからです。単に「太平洋の上」だと above もほぼ同義に使うことができますが，from Narita to Los Angeles（成田からロサンジェルスへ）などが加わると，太平洋を越えて飛ぶ飛行機の軌跡が意識されるため。over の半円形のコア・イメージがぴったりになります。

▍意味タイプⅢ　全体を覆って

　Ⅲ の意味タイプとして，**「全体を覆う」** に着目してみましょう。「…を覆って」だけでなく，比喩的に **「…を支配下に置いて」「…を下して」** といった意味にも展開します。

> Spread a lot of butter over the bread.

は，「パンにたっぷりバターを塗ってください」ということです。Spread a lot of butter on the bread. と表現することもできますが，on だと「塗りつける（接触）」感じが強くなり，over だと「全体を覆うように」という意味合い

131

が強くなります。

　テーブルに白いクロスがかかっているという状況だと，

There is a white cloth over the table.

となります。

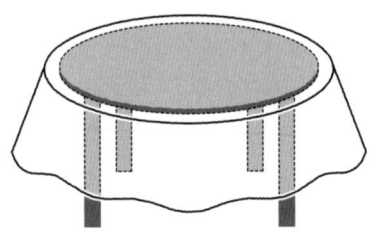

　テーブルとクロスは水平の関係にありますが，

She put her hands over her face.
（彼女は手で顔を覆った）

といえば，顔を手で垂直に覆うことです。クロスの場合は
状態，顔を覆うという場合は動作です。同じ覆うでも動作
と状態の両方の意味があるということです。

　山に虹がかかっている場合は，

There's a rainbow over the mountain.

となり，これは状態の over です。

日本語でも，言わなくても気持ちなどが表情から読み取れるとき，「（感情が）顔に書いてある」という言い方をしますが，英語でも be written all over one's face という決まり文句があります。

Leslie said she wasn't scared before she went into the old tunnel, but fear was written all over her face.
（レスリーはその古いトンネルに入る前に怖くなんかないと言っていたが，怖いということが顔に書いてあった）

がその例です。これは状態の over です。

　このように，over には「動作」と「状態」の用法がありますが，どちらを選ぶかは動詞の意味によります。the bridge over the river だと「川に橋がかかっている」状態が強調され，jump over the brook だと「小川を飛び越える」という動作が示されるということです。

　失恋した男性に，「彼女のことは時間がたてば乗り越えられるよ」と言いたい際は，

You'll get over her as time passes by.

となるでしょう。これは動作が含まれた表現です。

in
on
at
off
through
by
about/
around
across
along
over
under
above/
below
for
to
with
of
against/
from
その他

You're now completely over her.

だと、「今や、完全に彼女のことを克服したね」となり、状態の意味ですね。同様の例として、

Bill and Ann broke up a month ago, but I don't think he's over her yet.
（ビルとアンは 1 か月前に喧嘩別れした。でも彼はまだ彼女のことを割り切れていないようだね）

があります。The party is over. は「祭りは終わりだ」という意味になります。「祭りの時期は越えた」ということですね。そこで、

My girlfriend and I are all over.

といえば、「彼女とぼくは完全に終わっている」となります。
　先に挙げた

She put her hands over her face.

の over は垂直の over で回転が関与しています。コア・イメージはイメージなので回転や変形が起こりうるというこ

134

とです。

> The ball rolled over.

の over は副詞ですが，イメージの回転の意味合いがよく
出ています。

> Turn over the page. （頁をめくりなさい）

も同様です。

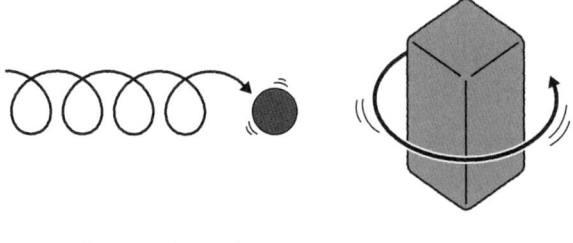

roll over のイメージ　　　　turn over のイメージ

　副詞の over といえば，**do it over（再びそれをする）**と
いう言い方が連想されます。一度行った行為の軌跡をなぞ
るように同じ行為を繰り返すというところに over の意味
合いが生きています。over and over は「何度も繰り返し」
という意味の副詞です。
　「覆う」ということは，上下関係が生まれ，上にあるも
のが下を覆うというところから，

in
on
at
off
through
by
about/
around
across
along
over
under
above/
below
for
to
with
of
against/
from
その他

He ruled over China for a long time.

のような over の用例もあります。「彼は中国を長い間支配してきた」ということです。この上下関係の応用例として,

Yankees over Red Sox, five to three.
（5対3でヤンキースがレッド・ソックスを下す）

があります。ヤンキースがレッド・ソックスの上にあるということです。頭からかぶって着る服のことをプルオーバーといいますが,これは英語でも同じです。まさに,「グイっと引いてすっぽり」という感じですね。

　シャツの上にジャケットを着ているという状況も,

He is wearing a grey suit over a shirt.

となります。

意味タイプⅣ　越えた向こうに

　Ⅳの意味タイプとして「越えた向こうに」があります。これには,視点が関与しており,こちら側から何か障害となる物の向こうに心理的に移動するという意味合いがあります。

in

on

at

off

through

by

about/
around

across

along

over

under

above/
below

for

to

with

of

against/
from

その他

There's a castle over the mountain.

といえば，「山の向こうに城がある」，つまり山を越えると城があるということです。

このように，over は半円形の弧を描いたイメージが共通項としてあり，そのイメージのどこに焦点を当てるかで，4通りの意味タイプに分かれることがわかります。

beyond

beyond は「ある規準点を越えて，向こう側に」というコアを持ち，下図のような図式で表されます。

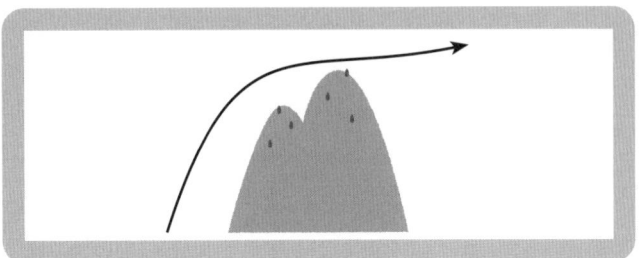

137

ちなみに，beyond には名詞用法（the beyond）があり，「かなた」「来世」の意味を表します。

　なお，beyond は **be + yond** の合成語で，yond（あるいは yonder）は「あそこの，その向こうの」という意味になります。そこで，beyond は文字通りには**「その向こう (yond) にある (be)」**という意味です。

My house is beyond the river.
（私の家は川を越えたところにある）
※ across the river より「川の（はるか）彼方に」という意味合いがある。

You can't stay out beyond I0 o'clock.
（I0時以降は外出はだめだよ）

It's beyond me why she left me.
（どうして彼女がぼくのもとを去ったのか理解できない）

Look, there's nothing in my room beyond a bed and a telephone.
（ほら，私の部屋にはベッドと電話以外何もないよ）

　「…の向こうに」の意では over と beyond は類似していますが，over は「弧を描くようにして越えたところに」，

beyond は「飛び越えてはるか向こうへ」という意味合いであり，**beyond のほうが「はるか彼方に」という意が強い**といえます。「超越」の意だと beyond は above に近くなります。

> · live above one's means
> · live beyond one's means

は共に「収入以上の生活をする」と訳せますが，above は常に**「レベル」**を問題にし，「収入のレベルより上で」がabove one's means です。一方，beyond は「収入に見合った現実を越えたところで」という意味合いが強くなります。

in

on

at

off

through

by

about/
around

across

along

over

under

above/
below

for

to

with

of

against/
from

その他

over の指導アイデア

気づき活動

T：「〜の上に」に相当しそうな英語の前置詞には何があるかな。

S：はい，on がひとつ。それ以外に，over や above があります。up もそうです。

T：そうだね。on は「接触」なので，over や above とは違う。そして up は基本的には副詞なので，ここでは外そう。すると，over と above が残るけど，違いはわかるかな。

S：いや，全然わからないです。

T：「山に虹がかかっている」という状況は There is a rainbow [　　] the mountain. だと over と above のどっちだろう？

S：なんとなく over のような気がします。

T：正解。どうしてかといえば，above the mountain だと「山より高い位置に虹がある」といった感じで状況がつかみにくい。a rainbow over the mountain だと，山を覆うような形で虹がかかっているという意味になる。above は，真上でなくても，位置が上だったらOK。これが何かを越えたり，覆ったりする over とは違う。

すると、「大家は私の上の階に住んでいる」という状況で、The landlord lives [   ] me. で空所を補充するとすると…

S：はい、above です。

T：そうだね。「毛布を赤ちゃんにかける」という状況で、Put a blanket [   ] the baby. だとどうだろう。

S：絶対、over です。

T：その通り。もうひとつクイズ。「彼は眉の上に傷がある」を英語でいうと、He has a cut [   ] his eyebrow. の括弧に入るのは？

S：above だと思います。

T：その通り。above は「位置が何かより高い」というところがポイント。だから、平均以上は above average となる。

理解活動

　以下は、アメリカ合衆国の国歌（Star Spangled Banner）の冒頭部分です。over(o'er) に注目してみてください。どういう意味合いで over が使われているのでしょうか。

Oh, say, can you see　ほら、見えるかい
by the dawn's early light　早朝の明かりを背景に
What so proudly we hailed　我らが誇らしげに称えたものが
at the twilight's last gleaming　黄昏が終わろうとする

in

on

at

off

through

by

about/
around

across

along

over

under

above/
below

for

to

with

of

against/
from

その他

141

ときに…

Oh, say,　おお

does that star-spangled banner yet wave　星条旗は
しっかりとはためいているか

o'er(over) the land of the free　自由の国土

and the home of the brave?　勇者のふるさとに

　この over は自由の国土，勇者のふるさと（アメリカ）を覆う感じです。何が覆っているかといえば，冒頭に出てくる星条旗です。現実的に一本の旗が，全土を覆うことはありませんが，ここでは比喩的に over を使っているのです。国歌のこの部分と重なるのはオバマ前大統領がボストンマラソンの被害者たちに向けて行った演説の最終部分です。

Tomorrow the sun will rise **over** Boston. Tomorrow the sun will rise **over** this country that we love.

　最初の文では，太陽が昇り，ボストン全体に太陽の光が降り注ぐイメージがあります。2つ目の文では，この国全体に太陽の光が降り注ぐイメージになっています。自由の国土全土にはためく星条旗が覆うイメージと重なりますね。

in
on
at
off
through
by
about/
around
across
along
over
under
above/
below
for
to
with
of
against/
from
その他

関連化活動

下の6つの例文の番号を，over の意味の広がりを示したネットワーク図の該当するボックスに入れましょう。

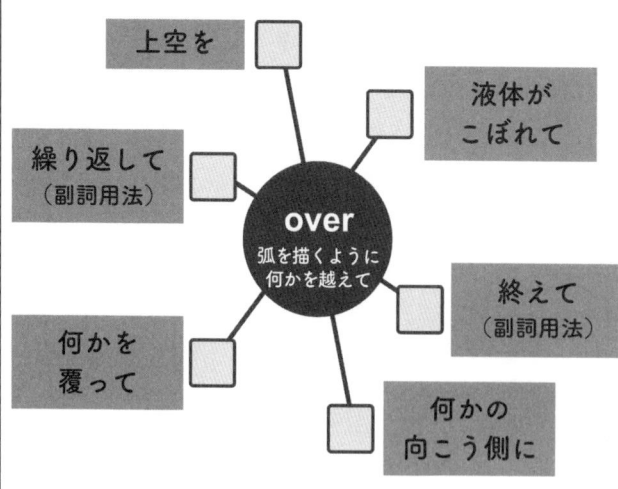

① Put his cloth over the table.

② There is a village over the river.

③ The game is over.

④ I read the poem over and over.

⑤ The plane is flying over the Pacific Ocean.

⑥ Oil spilled over the container.

①何かを覆って　②何かの向こう側に　③終えて　④繰り返して　⑤上空を
⑥液体がこぼれて

産出・自動化活動

My 単語帳

Name ＿＿＿＿　Date ＿＿＿＿

前置詞　**over**

課題　ここで学んだ over の用例を5つ選んで下線部に書き込みましょう。新たに用例を追加するとすれば何にしますか。自分で考えましょう。そして，コア・イメージを意識しながら用例の音読を5回以上しましょう。

over

弧を描くように
何かを越えて

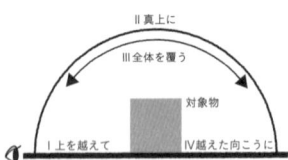

例文

＿＿＿＿＿＿＿＿＿＿＿＿＿＿＿＿＿＿＿＿＿＿＿＿＿

＿＿＿＿＿＿＿＿＿＿＿＿＿＿＿＿＿＿＿＿＿＿＿＿＿

＿＿＿＿＿＿＿＿＿＿＿＿＿＿＿＿＿＿＿＿＿＿＿＿＿

＿＿＿＿＿＿＿＿＿＿＿＿＿＿＿＿＿＿＿＿＿＿＿＿＿

＿＿＿＿＿＿＿＿＿＿＿＿＿＿＿＿＿＿＿＿＿＿＿＿＿

under の教養

in

on

at

off

through

by

about/
around

across

along

over

under

above/
below

for

to

with

of

against/
from

その他

▌ under のコア・イメージ

under は日本語でも「アンダーウエアー（衣類）」「アンダースロー（野球）」「アンダーパー（ゴルフ）」のように使うことがあります。この中で，underwear と under par は英語でも使い，野球用語のアンダースローは，英語では submarine というのが一般的なようです。

いずれにせよ，under は「下に」と理解していると思います。この理解で問題ありませんが，より正確な言い方をすれば，under のコアは**「（視線のあるところから）…の下に」**ということで，イメージとしては次頁のようになります。

基本的には，under は over の反意語と考えることができます。がしかし，under は over に対応するだけではなく，on とも対応します。例えば，

Put your hand under the table.

145

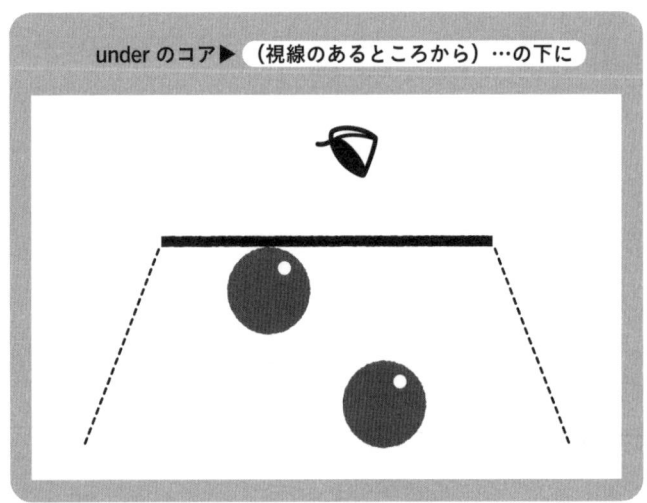

under のコア▶ （視線のあるところから）…の下に

という指示に対して「手をテーブルの裏に付ける」場合と，
「手をテーブルから離して下に置く」場合の2通りが考え
られます。テーブルと接触している場合は on の反意語に
なり，接触していない場合は over の反意語となると考え
ることができるでしょう。この点については，後程詳しく
取り上げます。

　まず，under の典型的な使い方を見ていきましょう。
「…の下に（を）」をイメージしてください。

Come over here. It's cool under the tree.
（こちらにおいで。木の下は涼しいよ）

The boat passed under the little bridge.
（ボートは小さな橋の下を通過した）

There is a long winding road running under the trees.
（木々の下を走っている長い曲がりくねった道路があ
る）

in

on

at

off

through

by

about/
around

across

along

over

under

above/
below

for

to

with

of

against/
from

その他

これらはすべて,「〜の下」ということで共通していま
す。「地下にトンネルがある」という状況も

There's a tunnel under the ground.

と under です。

もうひとつ典型例です。新幹線のお手洗いに「蛇口の下
に手をかざせば水が出ます」という掲示があり, 英語では,

Put your hand under the tap.

となっていました。これも感じが出ていますね。

内側に

さて, 上で, テーブルの上に手を当てている状態は on
ですが, テーブルの裏に手を当てている状況は under だと
指摘しました。同じ「接触」なので on でもよさそうです
が, on は**接触の状況が見える**場合に使います。テーブル
の裏側だと, 見えないだけでなく, 上下関係がはっきりし
ているので under を使います。この on と under の関係は,
皮膚の表裏にも使うことができます。皮膚の表面は on で

147

す。皮膚の発疹は skin rashes といいますが，on を使って，rashes on the skin と表現することもできます。表面に接触しているように発疹があるという状況です。一方，皮膚の裏側・内側に関心が行くと under を使います。そこで，皮下注射で，「皮膚に注射する」だと inject under the skin となります。

「彼はコートの下に分厚いセーターを着ていた」だと，

He had a heavy sweater on under his coat.

となります。ここでも「コートの内側」なので under になるのです。

では，「少年は毛布の下に隠れた」という状況をどう表現するでしょうか。ここでも under を使って，

The boy hid under the blanket.

といいます。「体温計を舌の下に入れなさい」も

Put the thermometer under your tongue.

になります。

意味の展開

意味の展開としては，「…の下に」の under から，

- ・（管理・影響）の下で
- ・〔分類〕…の項目下で
- ・〔基準〕…未満の
- ・（目下…が）進行中で

が派生します。

　日本語でも「法の下に」という言い方をします。英語でも，under law, under the Constitution は頻繁に使われます。

Under the Constitution, you cannot be tried twice for the same crime.

といえば，「憲法の下では，同じ罪で二度裁判にかけられることはない」ということです。

　「法的に君は過ちを犯したことになる」だと，

Under law, you have committed an offense.

と under law という言い方をします。「EU の規制下では」だと under E.U. regulations となります。

　何かの下に置かれるということは，「支配下にある」ということであり，「圧力」がかかった状況にもピッタリです。

in
on
at
off
through
by
about/
around
across
along
over
under
above/
below
for
to
with
of
against/
from
その他

> She came under a lot of pressure.

といえば「彼女はプレシャーで参ってしまった」ということです。「ストレス」も同様に，under a lot of stress といいます。なお，口語では under the gun という言い方があり，これも「ストレスの支配下になる」という状況で使われます。

> ・under stressful conditions（ストレスの多い条件下で）
> ・under normal circumstances（正常な状況の下で）

のように，condition や circumstance も under と相性のよい名詞です。

> The project was completed under extremely difficult conditions.
> （そのプロジェクトは極めてむずかしい条件下で完成した）

のように使います。

「支配下」といえば，under someone's control（誰かの支配下にある）や under his leadership（彼のリーダーシップの下で）のような使い方だけでなく，under a lot of scrutinizing（しっかり監視を受けている）のような使い方もあります。

> Everything is under control.

は「万事，うまく行っています（管理下にある）」という意味合いでよく使われる表現です。日本語でも「彼の下で働く」という言い方がありますが，英語でもそのまま，

> I work under him.

のように表現することができます。
　少しおもしろい用法に，

> This book falls under the category 'historical novels'.

があります。「この本は歴史小説に分類される」ということですが，本を分類するいくつかの枠のようなものがあり，歴史小説の**枠の下に落ちる**という発想です。「下位分類」という言い方がありますが，fall under の感じに近いと思います。書類が XYZ の X の分類でファイルされているという場合も，

> The document is filed under X.

in
on
at
off
through
by
about/
around
across
along
over
under
above/
below
for
to
with
of
against/
from
その他

151

のように表現することができます。

「パンケーキはデザートに分類されます」という場合も,

Pancake comes under dessert.

のように under を使います。関連した表現として,

People born under the zodiac sign "capricorn" are
supposed to be passionate and creative.
(星座のやぎ座生まれの人は情熱的で創造的であると
いわれる)

のような under の使い方もあります。

年齢で I'm under 30. といえばどういうことでしょうか。
これは「30才未満だ」という意味です。つまり,30歳に達
していないということであり,30歳は除外されます (over
30といえば「30歳より上 (more than 30)」で30歳は含み
ません)。

そこで,under 30を less than 30と表現することができ
ます。「彼は未成年だ」は He's under age. という言い方を
します。なお,「18歳以下の人」は people aged 18 or
under あるいは people aged 18 or less といいます (同様に
「18歳以上」だと people aged 18 or over になります)。

日本語では工事をしている場所に「工事中」という看板

が掛けられます。英語では Under Construction です。ここには発想の違いがあります。日本語の場合は，「工事のさなか」という意味合いが「工事中」にあります。一方，英語では**「工事の下に置かれている」**という発想です。同様に，「私の車は今修理中です」といいたい場合，

My car is under repair.

と under を使います。

under のもうひとつの意味合いに「…の内側に」があると指摘しました。この under の意味の派生は，**「…に隠れて」**ぐらいに限定されます。

She is under a false name.

といえば「彼女は名前を偽っている」ということですが，偽名の下に身分を隠しているということです。なお，偽名は a false name 以外にも under an assumed name のような言い方もあります（「本名」は one's real name です）。

「そでの下（賄賂）をつかって」という状況を under the table と表現しますが，「テーブルの下で（隠れて）賄賂を渡す」という感覚ですね。この under the table は物事が内々に進んでいる状況でも使います。

in
on
at
off
through
by
about/around
across
along
over
under
above/below
for
to
with
of
against/from
その他

> Yes, and it's all under the table.

といえば「はい，すべて内々に進んでいます」といった感じです。「秘密にして」に当たる口語表現に under wraps があります。包み紙に隠している感じです。

> I'm getting married next month, but do me a favor and keep it under wraps.

だと，「来月結婚するんだけど，お願いだから，秘密にしておいてね」ということです。

　なお，under one's nose もよく使われる表現ですが，こちらは「鼻の下」なので「目の前で，公然と」という意味になります。

　under は，

> ・underact（役など十分に演じきれない）
> ・underachieve（能力を十分に発揮していない）
> ・undercharge（正当な価格以下の金額を請求する）
> ・underpay（十分に支払わない）

などのように，動詞の接頭辞として使われます。その場合も，「より下，以下」をそのまま適用することができます。ネガティブな意味合いだけではなく，

> ・undergo（経験する）
>
> ・understand（理解する）

のように，意味的に必ずしも否定的でない例もあります。understand は「下に立つ」という字義的な意味から展開し，「対象に対してきちんとした知識を持つ」という意味に発展したのだといえるでしょう。undergo は「下を行く」ということで「（苦しいことなど）経験する」の意となりました。なお，

> ・underarm（腋の下）
>
> ・underclothes（下着）
>
> ・undercurrent（底流）
>
> ・underdress（アンダードレス）
>
> ・underexposure（露出不足）
>
> ・underground（地下道，地下鉄）

などのような名詞の例も多数存在します。

in
on
at
off
through
by
about/
around
across
along
over
under
above/
below
for
to
with
of
against/
from
その他

under の指導アイデア

気づき活動

T：「〜の下」といえば under と below があります。違い
を一言でいえば，under the desk は「机の下」，below
the desk は「机より下」となります。

S：「コートの下にセーターを着ている」という場合は，
どっちを使うのですか。

T：under を使って，She is wearing a sweater under the
coat. という。「毛布の下に隠れる」も，hide under
the blanket だよ。below は above の反対だけど，
under は over の反対というだけでなく，on の反対で
もあるんだよ。

S：on の反対ってどういうことですか。

T：例えば，Put your hand under the table. と言われたら，
手の位置はどこになるかな？

S：はい，こんな感じで，テーブルから離れた下です。

T：実は，テーブルの下部分にくっつけても under the
table なんだよ。Put your hand on the table. だとテー
ブルの表面に手を付けるね。裏側は見えないので，
under を使う。隠れているという感じだよね。だか
ら，a sweater under the coat のような言い方ができ

るんだ。

S：なるほど。

T：「偽名で」という場合，under a false name というけど，考え方は同じだね。「違う名前の下（に隠れて）」ということだ。

┃ 理解活動

以下は under を使った書名です。どういう意味合いか考えてみましょう。

Development of Urdu Language and Literature under the Shadow of the British in India

　　　　　　　by Dr. Nazir M. Gill (2013) . Xlibris Corporation.

『インドにおけるイギリス人の影の下でのウルドゥー語とウルドゥー語文学の発展』

Something New under the Sun: An Environmental History of the Twentieth Century World.

　　　　by J. R. McNeill (2000) . W. W. Norton & Company, Inc.

『太陽の下で何か新しいもの：20 世紀世界の環境史』

British Reformations: Religion, Politics, and Society under the Tudors.

　　　　　by Christopher Haigh (1993) Oxford University Press.

『イギリスの宗教改革：チューダー朝時代の宗教，政

---

in

on

at

off

through

by

about/around

across

along

over

under

above/below

for

to

with

of

against/from

その他

治, 社会』

　まず, under the Shadow of the British in India は「イン ドの英国人の影になって（隠れて）」「インドの英国人の庇 護の下で」「インドの英国人の影に常に脅かされて」と いった意味合いが考えられます。under the shadow of は 成句で, 状況によって解釈が異なります。

　次の, Something New under the Sun ですが, everything under the sun という言い方があります。これは,「存在す る, あるいは可能なすべて」という意味です。I tried everything under the sun. だと「可能なことはすべてやっ てみた」ということです。Something New under the Sun は,「太陽の下で（太陽に照らされて）明らかになった何 か新しいこと」という意味合いだといえるでしょう。 There is nothing new under the sun.（太陽の下に新しいも のはない）という伝道者の知恵に反して, 私たち人類が物 理世界にもたらした大規模な変化が実際に何か新しいもの を生み出したと著者は本の中で述べている。3つ目の Religion, Politics, and Society under the Tudors は, 紛れも なく,「チューダー朝時代における宗教・政治・社会」と いうことです。

関連化活動

下の４つの例文の番号を，under の意味の広がりを示したネットワーク図の該当するボックスに入れましょう。

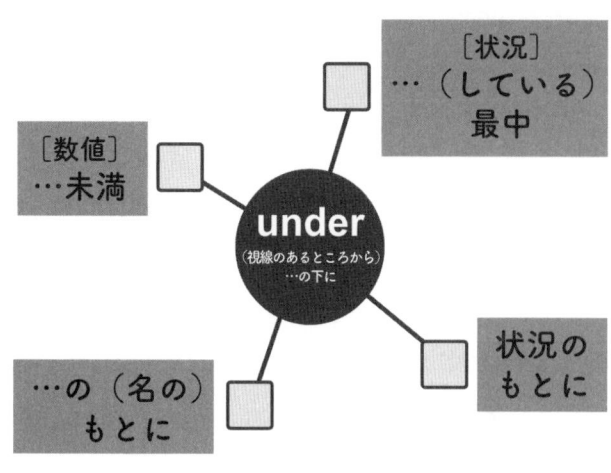

① People under 20 are not supposed to smoke.

② The road is under construction.

③ You must not drink and drive under any circumstances.

④ They are doing bad things under the name of democracy.

①…未満　②…（している）最中　③状況のもとに　④…の（名の）もとに

in
on
at
off
through
by
about/around
across
along
over
under
above/below
for
to
with
of
against/from
その他

My 単語帳

Name _____ Date _____

前置詞　under

課題　ここで学んだ under の用例を5つ選んで下線部に書き込みましょう。新たに用例を追加するとすれば何にしますか。自分で考えましょう。そして，コア・イメージを意識しながら用例の音読を5回以上しましょう。

under

…の下に

例文

_____

_____

_____

_____

_____

_____

above / below の教養

in

on

at

off

through

by

about/
around

across

along

over

under

above/
below

for

to

with

of

against/
from

その他

above と over の違い

ここでは above と below を見ていくことにしましょう。まずは，above です。above は，一見すると，over との違いがむずかしいと思うかもしれませんね。実際，英語の母語話者に尋ねても，両者を明確に区別して説明できる人はそう多くはありません。

しかし，両者にははっきりした違いがあります。ジョン・レノンの有名な曲に Imagine があります。その曲に，above と below が対比的に使われています。

"No hell below us. Above us only sky."
（わたしたちの下に地獄はなく，私たちの上には空があるだけ）

がそれです。Over us only sky. でもよさそうですが，どうして above なのでしょうか。

above と対比するため，over のところでも取り上げまし

161

たが，米国の国歌の中で over が次のように使われている
ことに再び注目してみましょう。

does that star-spangled banner yet wave **o'er(over)**
the land of the free and the home of the brave?
（星条旗は自由の国土，勇者の故郷の上にまだはため
いているだろうか）

　星条旗が**国土全体を覆うよう**にはためいているという比
喩的なとらえ方がこの over にはあります。弧を描くよう
に全体を覆うというのがここでの over です。一方，私た
ちの**上空をどこまで行っても空**があるだけという意味合い
が above にはあります。over は何かを越える（あるいは，
覆う）ようにという感じであるのに対して，above は位置
関係を問題にし，対象から離れて上にあることを示します。
だから，Imagine の歌詞は，Above us only sky. が状況的に
自然なのです。頭上の空はどこまで行っても空ということ
です。

above のコア・イメージ

　繰り返すと above のコアは，**「対象より位置的に上に」**
であって，レベル差を問題にする，と考えておくといいで
すね。
　イラストで示すと，次頁のようになります。基準となる
位置より高ければ above が使われるということです。

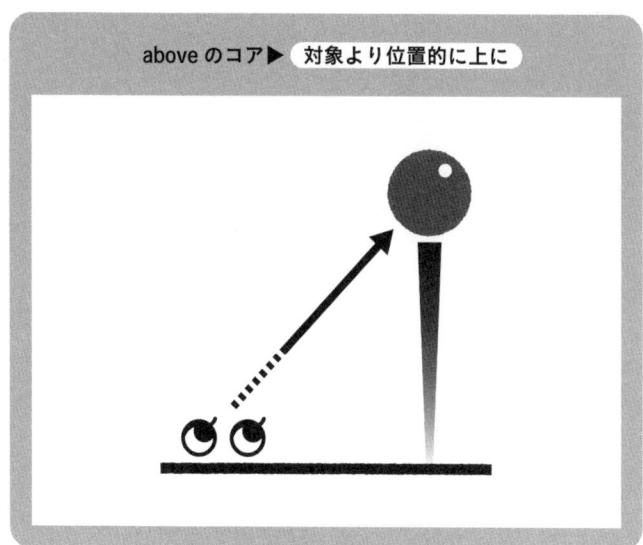

aboveのコア▶ 対象より位置的に上に

in
on
at
off
through
by
about/around
across
along
over
under
above/below
for
to
with
of
against/from
その他

the iceberg above the water などはその典型例です。

「海抜何メートル」の場合は，まさにレベルが問題になるため，above sea level と above を使います。ここでは over を使うことができません。

above の特徴は，「位置的レベルが上」ということであり，**真上でなくてもよい**ということです。「膝上のスカー

163

ト」は a skirt above one's knees であって，over one's knees とはいいません。位置が高いということで，膝を覆っているからではないからです。

He had a deep cut above his right eye.

といえば，右目の上（まぶた）に深い傷があったということです。

The plane flew above the mountain.

といえば「山の上空を飛んだ」ということです。しかし，

The plane flew over the mountain.

の場合は，「山の上空を飛んだ」だけでなく，「山を（弧を描くように）飛び越えた」あるいは「山の向こう側を飛んだ」という解釈もあり得ます。これで両者の違いがわかったと思います。

　位置関係が高いかどうかが above の最大の特徴だといいました。

The sun is still above the horizon.

だと,「太陽はまだ地平線の上にある」は典型例です。

> The sun is on the horizon

だと地平線上に接するように太陽があるということですが,
above the horizon だと「地平線に届いていない」ということ
です。

> The plane is above our heads, in the far east.

といえば,「飛行機はわれわれの頭上,極東にある」とい
うことです。

　大家さんの上の部屋を借りているという状況でも above
を使い,

> I rent a room above the owner.

となります。ところで,

> There is a beautiful waterfall above the bridge.

といえばどういう意味でしょうか。橋の上空に滝があると
いうことも考えられますが,もっと現実的な解釈は,この
橋を川上に行けば美しい滝があるということです。川上は
橋から見れば位置的に上となります。

in

on

at

off

through

by

about/
around

across

along

over

under

above/
below

for

to

with

of

against/
from

その他

意味の展開

above は比喩的に「ある基準より上」という意味合いで次のように使います。

My score was a little above average.
(私の点数は平均よりちょっといいぐらいだ)

It's above our original estimates.
(それは当初の見積額を超えている)

The math problem is above me.
(その数学の問題は私にはお手上げだ)

「札幌では冬に氷点下より高くなることはめったにない」と表現する際にも above を使って,

In Sapporo, temperatures rarely raise above zero in winter.

となります。

I'm above such childish behavior.

だと「私はそんな子どもっぽいことはしない」ということ

で，子どものようなレベルの低いことはしないという意味合いです。

> I'm not above lying to protect myself.

になると，否定文になっているので，自分を守るためなら嘘をつくことだってあるということですね。

何かに価値を置くという際にも above は活躍します。

> He used to value his job above his family, and now he has changed. He values his family above all else.
> （彼はかつて家族より仕事を優先していたが，今は変わった。彼にとって，家族がほかの何よりも大切だ）

がその例です。

▍below のコア

below は above と対になります。「ある基準よりも低く位置して，何かより下」というのがコアです。

> From the top of the skyscraper, the cars below us look like insects.

だと，「摩天楼の最上階からは，階下の車たちは昆虫のように見える」という意味です。そのほかの典型的な用例と

in
on
at
off
through
by
about/
around
across
along
over
under
above/
below
for
to
with
of
against/
from
その他

167

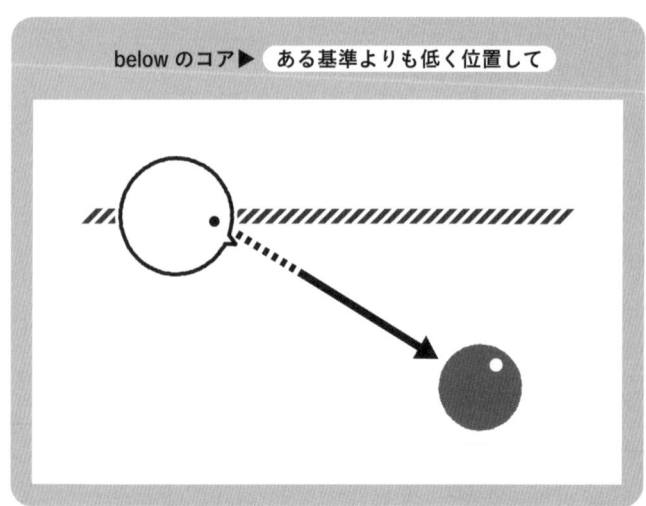

しては以下があります。

I live below my landlord.

(私は大家の真下に住んでいる)

The sun has just disappeared below the horizon.

(太陽はちょうど地(水)平線の下に沈んだ)

「ふつうは,膝より上のスカートあるいは膝より下のスカートのどちらを履きますか」という状況だと,

Do you usually wear your skirts above or below the knee?

となります。

　under は**「何かの下」**ということですが，below は**「何かより下」**という意味合いです。そこで，under the tent といえば「テントの下」，below the tent は「テントより下」といった意味になり，異なります。above the horizon に対して below the horizon というと，何かが地平線より上か下かを表現します。繰り返すと，レベル差と位置を問題にするのが above と below です。

　一方，over は**何かを「覆っている」**という状態，under は**何かに「覆われている」**という状態を表します。そこで，例えば洪水で村が水に覆われてしまった状態だと，

> The whole village is under water.

であって，ここで below water は一般的ではありません。一方，「地震は地球の表面下にある地殻の運動によって起こる」という場合は，「地球の表面より位置が下に」ということなので below を使い，

> Earthquakes are caused by the movement of tectonic plates below the earth's surface.

のようにいいます。

意味の展開

in

on

at

off

through

by

about/ around

across

along

over

under

above/ below

for

to

with

of

against/ from

その他

below は「視線が置かれた基準よりも位置が下に」というのが基本ですが，ここでいう基準には数値なども含まれます。そこで，温度や高さや価格など連続的な尺度では，under より below が自然に使われます。

I won't go below 20 dollars.
（20ドル以下では売らないよ）

The temperature is going to drop to 5 degrees below zero tomorrow morning.
（明日朝，温度が零下5度に下がるだろう）

His score was below average.
（彼の点数は平均以下だった）

This year's sales are way below last year's.
（売り上げは昨年をずいぶんと下回る）

I only make 8,000 dollars a year. That means I'm living below the poverty line.
（年に8000ドルしか稼いでいない。ということは貧困層の線より下で生活していることになる）

なお，incomes under 8,000 dollars だと「8000ドル未満の収入」と「未満」であることが，incomes below 8,000 dollars だと「8000ドル以下の収入」と**「以下（8000ドルより下のレベル）」**であることが強調されます。

　under は意味展開として**「支配関係」**を含意する場合がありますが，below は客観的に**「地位の上下関係」**を問題にします。そこで，A captain is under a colonel. といえば「大尉は大佐の支配下にある」となり，A captain is below a colonel. といえば「大尉は大佐より地位が低い」となります。「彼女の下で働いている人が5名いる」という状況でも below を使って，She has 5 people working below her. となります。「価値がある基準より下に」という場合にも below を使い，次のように表現します。

> The job is below you. You should find something better.
> （それは君がやるような仕事ではない。もっといいのを見つけなきゃ）

　価値的な意味を表す below の典型例は，That's below the belt.（それはやってはいけないことだ）がありますが，これはボクシングの試合でベルトより下を殴れば反則になることから，比喩的にも使われます。

> Your remarks were really below the belt.
> （それはちょっと言ってはいけないことだったよね）

がその例です。

in
on
at
off
through
by
about/
around
across
along
over
under
above/
below
for
to
with
of
against/
from
その他

beneath と underneath

ちなみに，beneath や underneath も，a village beneath
the hill とか sit underneath a tree（木の下で座る）のよう
な位置的な意味での使い方もありますが，位置関係を表す
には under や below のほうが一般的です。beneath
は「…に値しない」「…より劣って（いる）」などの抽象
的な意味で使われることが多く見られます。

That is beneath contempt.
（そんなの軽蔑する値もない）

He is far beneath her in math.
（彼は数学において彼女よりはるかに劣っている）

underneath の場合，「隠れて」の意味が強く感じられま
す。そこから「外見，口実などの裏に」の意味が展開し，

We found a shady motive underneath his outspoken
attitude.
（彼の積極的な態度の裏に隠された下心を見た）

のような言い方をします。

for の教養

in

on

at

off

through

by

about/
around

across

along

over

under

above/
below

for

to

with

of

against/
from

その他

▌**for のコア・イメージ**

前置詞の for は，いろいろな使い方をします。This train is bound for Hakata. といえば「この列車は博多行きです」，Milk is good for you. だと「牛乳は体にいい」，I'm for the plan. だと「私はその計画に賛成だ」となります。

この for のコアは何かといえば，**「…に向かって」**であり，向かう方向を強調します。イメージ的には，何か対象を「指さす」感覚があります。

Bound for Hakata は，文字通り，行き先としての博多を指さして移動する感じです。

> She left for New York this morning.
> （彼女はニューヨークに向けて今朝出発した）

も同様です。プレゼントなどを差し出す際に，This is for you.（どうぞ）と言いますが，この for もプレゼントの行き先を示している例です。fight for liberty（自由のために

173

for のコア ▶ …に向かって（指さして）

戦う）という使い方もありますが，ここでもやはり，「自由を指さして戦う」ということから「自由のために戦う」となるのです。

　この「指さし」のイメージは，以下の4つの意味タイプがあります。

①目標の対象を指さして
②時間の流れを指さして
③関係の対象を指さして
④判断の観点となる対象を指さして

以下，それぞれを説明していきます。

in

on

at

off

through

by

about/
around

across

along

over

under

above/
below

for

to

with

of

against/
from

その他

目標の対象を指さして

第一の「目標の対象を指さして」からは，次のような意味合いが派生します。

A．〔方向〕（目的地）に向かって
B．〔目的〕…の目的で
C．〔利益〕…のために
D．〔準備〕…に備えて
E．〔支持〕…に賛成して
F．名にちなんで

Aの「方向」についてはすでに述べたように，「（目的地）に向かって」「（乗り物が）…行きで」だけでなく，「（電話・手紙・贈り物などが）に向けられた」の意味合いになります。

I'm leaving for London soon.
（まもなくロンドンに向けて出発します）

が最初の意味合いの例で，

We got two calls for you from your boyfriend.
（ボーイフレンドからあなたに2回電話があったわよ）

は「向けられた」という意味合いの for です。

　何か指さして行動すれば，Bの「目的」の意味になり，**「…の目的で，…を得るために，…を求めて」**といった意味合いが出てきます。以下はその例です。

I'm waiting for the bus.

（私はバスを待っているんです）

Send for the doctor right away.

（すぐに医者を呼びにやりなさい）

This equipment is for squeezing oranges.

（この器具はオレンジを絞るためのものです）

　それだけではありません。指さしのイメージは，以下の例のようにCの〔利益〕（…のために），Dの〔準備〕（…に備えて，…に対して），Eの〔支持〕などにも応用されます。

「利益」 Milk is good for your health.

　　　　　（牛乳は健康にいいよ）

「準備」 Let's save some money for rainy days.

　　　　　（万一に備えてお金を貯めよう）

「支持」Are you for or against the new welfare tax?
（新しい福祉税に賛成それとも反対？）

これ以外にも，for は

He was named Martin for his grandfather.
（彼は祖父の名にちなんでマーチンと名づけられた）

のように **「ちなんで（名づける）」** という状況でも使います。name Martin after his grandfather という言い方もありますが，これだと，「祖父の後をうけて」ということです。それに対して，for は「祖父に向けて（敬意を表して）」の意味合いがあるといえるでしょう。

時間の流れを指さして

次に意味タイプ②の 「時間の流れを指さして」 からは **「継続期間」** の意味合いが出てきます。

I studied French for three years.
（私は３年間フランス語を勉強した）

Can I see your hand for a second?
（ちょっと手を見せてくれない？）

This license is valid for a period of three years.

in
on
at
off
through
by
about/
around
across
along
over
under
above/
below
for
to
with
of
against/
from
その他

> （この免許証は3年間有効です）

　時間は，ふつう流れ（時間の矢）として把握されます。時間を年度で区切れば，1年，2年，3年と進むことになります。動作・行為も時間の軸に沿って進展します。すると，for three years は「3年という時間の流れ」を指すことになります。

> I'll study French for the next three years.

では「これから3年」ということで，まさに「1年目，2年目，3年目」と時間が流れていく中でフランス語の勉強が進展するという意味が込められていることがわかります。

　なお，the period of three years は特定の3年間を指すため during を用い，逆に a period of three years だと不特定の3年間ということで，for で受けることができます。

▌関係の対象を指さして

　次に③の「関係の対象を指さして」という意味タイプが for にはあり，そこからもさまざまな意味合いが派生します。

> A．〔代理〕…の代わりに
> B．〔交換〕…の代わりに
> C．〔適合〕…に適した

D．〔割合〕…に対して

Aの〔代理〕の典型例は，

I'm speaking for the president.
（私は学長の代わりに話をしています）

です。Bの交換になると，「…の代わりに，…と引き換えに」という意味合いで for は理解されます。exchange yen for dollars は「円をドルに交換する」ということです。exchange A for B や trade A for B には，**「交換」**の意が含まれますが，交換の先を for で示していると考えるといいですね。

The English word for "asagao" is "morning glory."
（「アサガオ」に対する英語は "morning glory" です）

にしても言語間での置き換えが意図されています。

Cの〔適合〕は**「…に適した，…に向いた，…に（合わせて），…に対する」**といった意味合いで for を使います。以下がその例です。

・a good place for (a) camp
（キャンプに向いた場所）

in
on
at
off
through
by
about/
around
across
along
over
under
above/
below
for
to
with
of
against/
from
その他

· good TV programs for children

(子ども向けのよい TV 番組)

· Wear a dress appropriate for a formal party.

(フォーマルパーティに合ったドレスを着なさい)

Dの〔割合〕の場合，日本語にすれば**「…に対して，…につき」**となります。

According to a recent survey, there is one divorce for every four marriages.

(最近の調査によれば4件の結婚に対して1件の離婚がある)

がその例ですが，4つの婚姻を指さして1件の離婚と述べている表現です。

判断の観点となる対象を指さして

4つ目の意味タイプとして，「判断の観点となる対象を指さして」という for があります。この意味タイプからは，次のような意味合いが出てきます。

A．〔基準〕…にしては
B．〔判断が差し向けられる対象〕…にとって
C．〔理由・原因〕…の理由で

D．〔関連〕…については

Aの〔基準〕の for は「…にしては，…するには，…に対して，…としては」といった日本語に対応します。

It's very cool for this time of year.

といえば，「この時季にしてはすごく涼しいね」ということですが，this time of year を指さしている感覚があることには違いはありません。

Bの〔判断が差し向けられる対象〕の典型例には以下が含まれます。

・Christmas is a big deal for us.
（クリスマスは我々にとってとても大事なことだ）

・It is important for him to be more patient.
（彼がもっと辛抱強くなることは重要である）

2つ目の例文では，It is important と話者の判断を示し，for him でその判断の対象を him に差し向け，そして to be more patient で it の内容を示す内容になっています。

Cの〔理由・原因〕の場合も for の指さしの感覚が生き

in
on
at
off
through
by
about/
around
across
along
over
under
above/
below
for
to
with
of
against/
from
その他

ていることに変わりありません。a school known for the computer course は「コンピュータ学科で知られている学校」，He was praised for saving her life. は「彼は彼女の命を救ったことでほめられた」ということですが，指さしの感覚は理解しやすいと思います。2つ目の場合，ほめる行為の根拠が「彼女の命を救ったこと」に向けられているということですね。

　最後に，Dの〔関連〕のfor は「…については，…としては」という日本語に対応します。

> For that matter, I apologize.
> （そのことについては，謝罪します）

がその例ですが，「そのことを指さして，謝罪する」ということにおいては他の用例と共通しています。

　このように辞書を見ると実にさまざまな「意味」が載っていますが，for は for です。共通感覚としての「指さし」を押さえておくと，どうしてここで for なのかが理解できることと思います。

to の教養

in

on

at

off

through

by

about/
around

across

along

over

under

above/
below

for

to

with

of

against/
from

その他

■ to のコア

　前置詞の to と聞けば，「方向や目標点」を想像する人が
ほとんどだと思います。Bob went to a river.（ボブは川に
行った）のような用例から，方向や目標点が結び付いたの
だと思います。しかし，目標点はさておき，方向の意味が
to にあるわけではありません。また，「背中合わせに座
る」を sit back to back，「１ドル130円」を130 yen to one
US dollar というように，方向や目標点とは無関係な to の
使い方もあります。「ドアの鍵」も the key to the door と
to を使います。

　結論をいうと，to のコアは **「AとBが向かい合ってい
る，相対している関係」** を表します。図式的には，次頁の
ようになります。

　face to face（面と向き合って）がその典型例です。ド
アの鍵もこの図式を思い浮かべると「ドアに合う鍵」とい
うことで，どうして to なのかがわかるはずです。

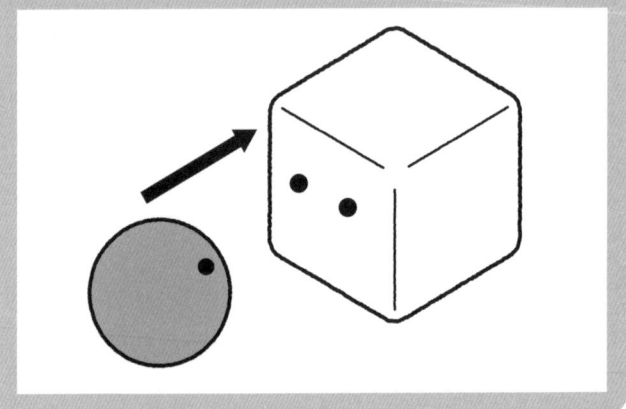

to のコア ▶ AとBが向かい合っている，相対している

She went to the drugstore.

の to は「方向」というより，むしろ「到着点」が意識されるということが大切です。

She goes to school at seven a.m.

でも，「学校に着くのが7時」であって「家を出るのが7時」というわけではありません。

She went to the drugstore.

だと「薬局まで行った」という意になりますが，それは

「（移動して）薬局と向き合う状態になった」ということです。「薬局のほうに行った」のように純粋に「方向」を示す場合には，She went toward the drugstore. と toward を使います。

go to the drugstore の例から to には方向があると思いがちですが，come to the drugstore という例を見れば，「方向」ではなく，到達点が示されていることがわかるでしょう。

> She walked over to the church.

だと，（walked）over が移動の行程を表し，to（the church）が到達点を表すと考えることができます。

「相対」図式から，to には「対象に向いて」「限度に向いて」「対象に相対して」の3つの意味タイプが派生します。

> ①対象に向いて
> ②限度に向いて
> ③対象に向き合って

以下，それぞれを説明していきます。

in
on
at
off
through
by
about/
around
across
along
over
under
above/
below
for
to
with
of
against/
from
その他

▌「対象に向いて」の to

「対象に向いて」が使われる典型的な状況は,「到達点」
を表す場合です。その例として, the road to the cave（そ
の洞穴に行く道）, on the way to the office（オフィスに行
く途中〔←オフィスに至る道の途上にいるということ〕）,
the key to success（成功への鍵）などがあります。

go to the post office（郵便局に行く）や come to the
post office（郵便局に来る）も「対象に向いて」の to の典
型例ですが, 動詞によっては, 以下のように「向く方向」
を含意することがあります。

Turn to the left at the next corner.
（次の角を左に曲がりなさい）

The child pointed to the full moon.
（その子どもは満月を指さした）

厳密な意味では, この to は「変化して, 向き合う先を
示している」と考えるのが適切です。

The situation went from bad to worse.
（状況は悪い状態からさらに悪い状態に変化した）

の場合も同じです。

She gave her backpack to me.
（彼女は私にバックパックをくれた）

だと，ある女性が自分のバックパックを私のほうに差し出したという状況を想像することができるでしょう。

Bob lent his umbrella to me.
（ボブは自分の傘を私に貸してくれた）

にしても，傘が差し出された対象が私であるということで，to がピッタリです。

　動詞によって，**「対象に向いた状態を維持する」**という意味合いが生まれます。よく使うのは以下のように keep や hold を使った例です。

Keep to the right.
（（道路標識）右側通行）

He held to his opinion and didn't compromise at all.
（彼は自分の意見に固執し，まったく妥協しなかった）

Keep to the right. は右側を通行するように指示する標識ですが，**「右側に寄って，その状態を維持せよ」**というこ

in
on
at
off
through
by
about/
around
across
along
over
under
above/
below
for
to
with
of
against/
from
その他

とですね。

「対象に向いて」というイメージは，ある行為が向かう先を示す用法にも展開します。**「…に対して（何かをする）」**というとらえ方です。

He appealed to my sense of charity.
（私の慈悲の心に訴えた）

I teach piano to children.
（私はピアノを子どもたちに教えている）

He appealed to my sense of charity. は「私の慈悲の心に対して彼が訴えるという行為を行った」ということです。to の対象が「評価や判断を下す対象」であることもあります。

He was kind [nasty] to all his neighbors.
（彼は近所の人みんなに親切（意地悪）だった）

The color of the wall is agreeable to my eyes.
（壁の色が目に心地よい）

「彼が親切である」かどうかという判断は「近所の人たちみんな」に対して行われています。同様に，「壁の色が

心地よい」のは「私の目」に対してです。

■「限度に向いて」の to

「時間や数」に to のコア図式を適用すれば，**「限度に向いて」**という意味合いになります。日本語では，**「…まで」**に当たる意味合いです。例えば，

> from sunrise to sunset（日が出て沈むまで）
> from Monday to Friday（月曜日から金曜日まで）

がその例です。この例のように，「〜まで」時間が過ぎていくことが含意されます。

> It's only one week to Christmas.
> （クリスマスまでたった 1 週間だ）

にしても考え方は同じですね。

同じ to のコア図式を「数」に応用すれば，どうなるでしょうか。

> Count to three and then open your eyes.

といえば，「3つ数えて目を開けなさい」ということですが，to が「到達点」を意味することから，**「3つまで数え**

in
on
at
off
through
by
about/around
across
along
over
under
above/below
for
to
with
of
against/from
その他

る」となるのです。以下も同じような例です。

Our teacher is about 30 to 35, I guess.
（先生は30から35歳くらいだと思う）

See pages 10 to 18.
（10ページから18ページを参照のこと）

Unemployment has risen to 4 million.
（失業者が400万人まで増えた）

の to も失業者の数の到達点を示しています。

count up to 50だと、「50まで数える」ということですが、時間や数が関係しない状況に応用して、be wet to the touch や be drenched to the skin といえば、「ずぶ濡れになる」という意味になります。「体や皮膚に直接触れるまで」ということですね。

｜「対象に相対して（向き合って）」の to

to は「何かが移動・変化して何かに到達する」という意味合いを連想させる前置詞かもしれません。しかし、to のコア図式をそのまま適用すれば face to face のように**「対象に相対して」**という意味になり、ここでは移動や変化は含意しません。「チークダンスを踊る」だと dance cheek to cheek になります。「子どもたちは背中を合わせて座った」だと Kids sat back to back. ですね。to を攻略するためには，この「対象に相対して」の用法を押さえておく必要があります。

「対象に相対して」の to は，**関係**，**比率**，**対比**，**適合**などの意味合いを表す際に使われます。第一に，**「…に対して（…の関係にある）」**という意味合いだと，以下のような使い方になります。

> This expression is equivalent to that one in meaning.
> （この表現は意味的にそれと対応する）
>
> A is in direct [inverse] proportion to B.
> （A は B と正比例（反比例）する）
>
> She's godmother to my son.
> （彼女は息子の名付け親です）

最後の例では，「彼女は私の息子に対してのゴッドマザーだ」ということですね。

> What was his response to your presentation?
> （君のプレゼンに対する彼の反応はどうだった）

in
on
at
off
through
by
about/
around
across
along
over
under
above/
below
for
to
with
of
against/
from
その他

の to も「対して」という訳からわかるように，プレゼンと反応の関係を示しています。

第二に，「比率・割合」を表現する場合の to は，日本語では「…対，…に対して」に相当します。

Three is to six as one is to two.
（3対6は1対2に等しい）

Our team lost the game with a score of three to eight.
（わがチームは3対8で負けた）

第三に，この to は「対比」「適合」を表現する際にも用いることができます。以下がその例です。「適合」の場合の to は「〜に合う，対する」という意味合いです。

対比の例
I prefer tea to coffee.
（コーヒーより紅茶が好きです）

Let us compare baseball to football.
（野球とフットボールを比較してみよう）

適合の例
the key to the door

（ドアの鍵）

an answer to the problem
（その問題に対する答え）

The movie was to my taste.
（その映画は私の趣味に合っていた）

prefer tea to coffee は「コーヒーに（照らし）合わせて
みて，紅茶を好むという」ことです。compare baseball to
football も野球とフットボールを比較のために相対させる
ということです。

最後に，to one's disappointment（がっかりしたことに）
とか to one's surprise（驚いたことに）のような決まり文
句がありますが，これも考え方は共通しています。

To my surprise, they got married.

といえば，「驚いたことに，彼らは結婚した」と訳すのが
ふつうですが，「驚きに対応して」ということから「驚い
たことに」という意味合いになるのです。つまり，彼らが
結婚したということと自分の驚きの間に対応関係があると
いうことです。

in

on

at

off

through

by

about/
around

across

along

over

under

above/
below

for

to

with

of

against/
from

その他

このように，前置詞 to の背後には**「何かと向き合って（相対して）」**というイメージがあると理解しておくと，to の本質を理解することができると思います。

to の指導アイデア

in

on

at

off

through

by

about/
around

across

along

over

under

above/
below

for

to

with

of

against/
from

その他

気づき活動

T：to と聞いてすぐに連想する用例は何かな？

S：I go to school. です。

T：多くの生徒が連想しやすい用例だね。この to はどういう意味かな？

S：「学校に行きます」なので，「方向」ですか？

T：「方向」だと学校に向かって行くというイメージになるけど，実際は，学校に到着するイメージになる。I go to school at 8:30. といえば，もっとはっきりしてきて，8時30分に学校に到着するということ。I went to school at 8:30. になると紛れがなくなるね。

S：「どこかに向けていく」だとどうなるのですか。

T：その場合は toward を使う。そこで，She went toward the supermarket. のようになる。toward はあくまでも「方向」なので，実際にスーパーに行ったかどうかわからないね。そこが，She went to the supermarket. と違うところだ。

S：確か for も「方向」を表すと習った気がします。

T：for になると「何か目的があって，それを目指して」という意味合いが強くなる。This train is bound for

195

Kyoto. といえば,「この列車は京都行です」ということだけど,「目的地京都を目指して」ということだね。ここで to に話を戻すけど, to のコアは「対象と向き合う」ということだ。だから, She goes to school at 8:30. を学校の側から表現すれば, She comes to school at 8:30. となる。go to と come to の両方の表現が可能だと考えると, to の感覚が理解できるね。

理解活動

以前, He was born to a British mother and a Russian father. という表現に遭遇したことがありました。この to は何だと思いますか。to のコアは「対象と向き合う」ということなので, 彼が誕生して向き合った母と父が, それぞれ英国系の母とロシア系の父ということです。同様の例として, She was born to a family of artists. があります。「彼女は芸術家の家系に生まれた」といった感じですね。

この to の応用としては「生まれながらにして〜」「〜するために生まれたようなもの」という状況で使います。The athlete was born to victory. だと「その選手は勝利するために生まれたようなものだ」, He was born to a life of adventure. だと「彼は冒険の人生を歩むために生まれたようなものだ」といった感じです。共通しているのは,「生まれて対面したのが〜」ということです。

もうひとつ, to の使い方で注目したいのは, 為替レートで使う to です。148 yen to U.S. dollar とあれば, 148

Japanese yen is equal to one U.S. dollar. という意味合いです。他にも correspond to(〜に対応する), be equivalent to (〜と同等である), 3 to 5(3対5)などの to も同じです。

関連化活動

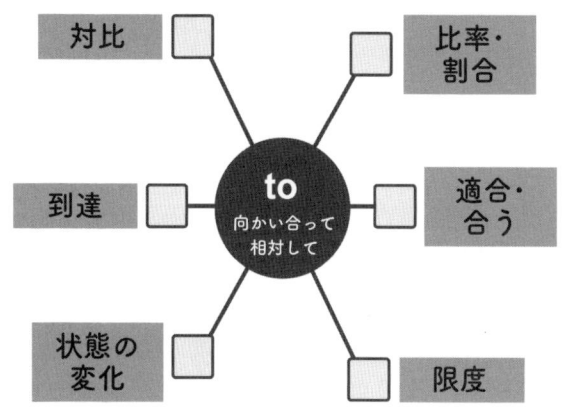

6つの例文の番号を, to の意味の広がりを示したネットワーク図の該当するボックスに入れましょう。

対比　比率・割合　到達　適合・合う　状態の変化　限度

to
向かい合って相対して

① She went to the drugstore and bought some aspirins.

② This is the key to the door.

③ Count to one hundred.

④ Let's compare baseball to football.

⑤ Add a cup of water to a cup of rice.

⑥ If it rains, the grass will turn to green.

①到達　②適合・合う　③限度　④対比　⑤比率・割合　⑥状態の変化

in
on
at
off
through
by
about/
around
across
along
over
under
above/
below
for
to
with
of
against/
from
その他

My 単語帳

Name _____ Date _____

前置詞 to

課題 ここで学んだ to の用例を5つ選んで下線部に書き込みましょう。新たに用例を追加するとすれば何にしますか。自分で考えましょう。そして，コア・イメージを意識しながら用例の音読を5回以上しましょう。

to

向かい合って
相対して

例文

_____

_____

_____

_____

_____

_____

with の教養

in

on

at

off

through

by

about/
around

across

along

over

under

above/
below

for

to

with

of

against/
from

その他

多様な状況で使われる with

with という前置詞も「with コロナ」のような言い方を通して，身近な表現になってきました。with は「一緒に，ともに」ということで，そんなにむずかしい前置詞であるという印象を持たないかもしれません。しかし，この with は，簡単そうでありながら，実に多様な状況で使われる前置詞なのです。

英和辞典で with を引いてみてください。いろいろな語義が載っています。以下は，その例です。

> 「随伴・同伴」「所有・所持」「道具・手段」「材料・成分」「付帯状況」「様態」「対立」「混合」「比較」「原因・理由」など

どうでしょう。このリストをサッと見ると，一方で「随伴・同伴」があり，他方に「対立」があります。真逆の意

味が with にあるなんて不思議ですね。これはどういうことでしょうか。「道具・手段」と「様態」なんかどう見てもつながりそうにもありませんが，with で共通しています。

　ここでは，with の用法に通底する共通の意味（コア）に注目して，with の世界を見ていくようにしましょう。

▌with のコア・イメージ

　with のコアは「**…とともに**」です。イラストで示すと以下のようになります。

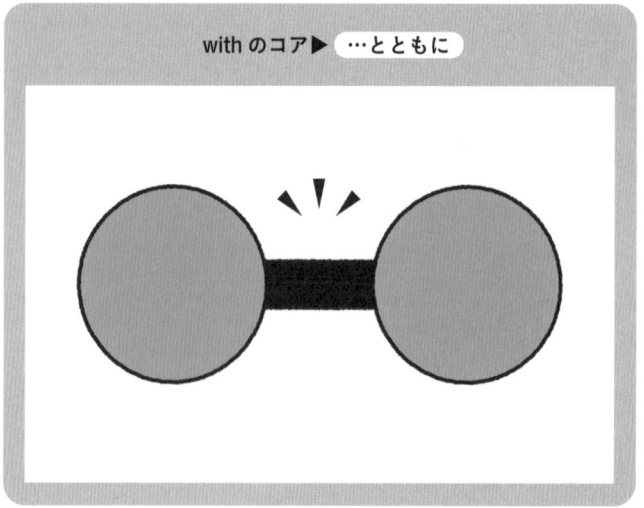

with のコア ▶ …とともに

　「なんだ」と思われるかもしれません。しかし，この「ともに」というコアから上記の辞書に載っている語義がすべて派生してくるのです。説明に入ります。まず，「ともに」には2つの意味があることからはじめます。

in

on

at

off

through

by

about/
around

across

along

over

under

above/
below

for

to

with

of

against/
from

その他

```
           ┌  「伴って」
「~とともに」 ┤
           └  「手にして」「でもって」
```

つまり，**「何かとともにある状態」** が，何か（誰か）を伴っていることなのか，何かを手にしていることなのかの違いです。がしかし，それぞれが，多様な意味の拡がりを見せます。「伴っての with」から見ていきましょう。

「伴って」の with

「伴って」の典型例は，次のような例に見られます。

She walks in the park with her dog every two days.
（彼女は二日おきに犬と公園を散歩する）

I'm here with Dr. Brown.
（（対談の司会で）ブラウン博士をお連れしました）

この「伴って」の感覚は fight with the enemy（敵と戦う）のような状況でも活躍します。辞書ではここでの with は「対立の with」と紹介されていますが，この分類には無理があります。ここでは，戦いの相手を with で示しているにすぎないのです。確かに，They fought with the enemy. も They fought against the enemy. も「彼らは敵と

戦った」の英訳ですが，against を使うほうが〈対抗して戦う〉の意が強くなります。fight with the enemy だと「敵との戦い」というニュアンスになります。これは，deal with the big company（その大きな会社と取引をする）の with と同様です。この場合，取引の相手が with で示されていることは明白ですね。戦いも取引も**「相手とともに行う行為」**ということです。

では，

Something is wrong with the computer.
（何か問題がそのコンピュータにある）

のような例の場合はどうでしょうか。これは何か問題がコンピュータとともにあるという解釈をすれば「なるほど」だと思います。

Be patient with others.
（他の人には我慢強くあれ）

も，「他者とともにいるときは我慢強くありなさい」という解釈をすることができます。以下は，同じような例です。

What's the matter with you?
（どうかしたの？）←あなたとともにあるものは何ですか

She is in love with me.

（彼女は私に恋している）

You're really gentle with me recently.

（最近私に優しいんだね）

この「伴って」の応用の範囲はさらに広がります。

A blue shirt goes with your pants.

（青のシャツがあなたのズボンに合う）

の with は「同調」の with といわれますが，これも青い
シャツがズボンとともにある状態でうまくいく（だから似
合う）ということです。with といえば，以下のような例
が思い浮かぶ人が多いと思います。

・a boy with blonde hair（ブロンドの髪の毛の少年）
・people with nice personalities（よい性格の人たち）
・a car with four wheel drive（四輪駆動の車）
・a 50-meter pool with a shower（シャワーの付いた
　50メートルのプール）

これらの例で共通しているのは A with B で，**「A が B を**
伴っている」ということです。a car with four wheel drive
だと「四輪駆動を伴った車」ということです。同様に，

in

on

at

off

through

by

about/
around

across

along

over

under

above/
below

for

to

with

of

against/
from

その他

people with nice personalities は「よい性格を伴った人々」ということですね。

　文法用語に**「付帯状況」**というものがあります。この付帯状況は with を使って表現されます。

> With your children away, you must have a lot of free time.

といえば「子どもが手を離れたのだから，自由な時間がたくさんあるでしょう」という意味で，with your children away の部分が付帯状況を表すといわれています。これも，**「子どもたちが離れている状態を伴って」**という意味合いを読み取ることができますね。

　一見，特殊と見える表現に

> He has a problem with money.
> （彼はお金のことで問題を抱えている）

があります。これも「お金を伴った問題」と解釈すれば，with のはたらきが理解できると思います。with には以下のように状況や条件を表す用法もあります。しかし，これも「…とともに」の展開例にほかなりません。

> With this in mind, I leave Japan.
> （このことを心にして，日本を去ります）

> With all her faults, I still love her.
> （彼女の欠点をもってしても，それでも彼女を愛している）

with の用例の中には，break や part などの分離を表す動詞とともに用いられるものがあり，そのことから「分離の with」などという言い方がされることがありますが，「…とともに」の with と「分離」の with では明らかな論理矛盾です。with に分離の意味があるのではなく，**「…と一緒にいる状態を離れる」**と解釈すれば，例えば，

> The school decided to break with tradition and accepted the students' proposal.
> （学校は伝統を捨て学生たちの申し出を受け入れた）

といった用例にどうして with が使われているのかが理解されるでしょう。同様に，leave, stay などの動詞とともに用いて「…に任せて，…のもとに（預けて）」という意味に訳されることがありますが，これも基本的には，**「…と一緒の状態を残して」**ということです。そこで，

> I'll leave the dog with a friend.
> （犬は友達のところに預けるよ）

は「犬が友達とともにいる状態にして去る」という見方が

in
on
at
off
through
by
about/
around
across
along
over
under
above/
below
for
to
with
of
against/
from
その他

背後にあります。

「手にして（でもって）」の with

　次に，with の意味グループとして **「手にして」** があります。これは，何か（誰か）とともにある関係というよりも，「何かを手にして」，「何かでもって」，という部分が強調されます。そのことから，**「道具（でもって）」**，**「原因・理由（でもって）」**，**「素材・材料・要素（でもって）」**，**「様子・仕方（でもって）」** という意が派生するのです。以下は，すべて「手にして」「でもって」の with の展開例です。

道具

He tried to open the door with a hairpin, but it didn't work.

（彼はヘアピンでドアを開けようとしたがだめだった）
←ヘアピンでもって

原因・理由

When I found the cat, she was shivering with cold.

（その猫を見つけたとき寒さで震えていた）←寒さでもって

素材・材料・要素

I made this stew with a variety of vegetables.

（いろんな野菜を使ってこのシチューを作った）←い

ろんな野菜でもって

様子・仕方

She fought the system with great courage.

（彼女は体制に果敢に挑んだ）←果敢なる態度でもって

「何かを手にして」といえば道具が連想されます。辞書ではよく「道具・手段」と手段を併記する場合が多く，両者が紛らわしいことがよくあります。「手段（means）」とは目的（end）を遂げるための方法で，英語では特に「交通手段」を表す際には前置詞の by を使います。一方，**「道具」（tools）** は，手の補助手段として使う器具（instrument）で，英語では一般的に前置詞の with を使います。以下がその例です。

I'll send this package by sea.

（船でこの荷物を送ります）

Eat the noodles with chopsticks.

（箸でうどんを食べなさい）

Fill in the form with a pen.

（ペンでこの書類に記入しなさい）

in
on
at
off
through
by
about/
around
across
along
over
under
above/
below
for
to
with
of
against/
from
その他

「道具」は**手にすることができる具体物（もの）**であり，「手段」は「何かを実現するために講じる方法」であって手にするような具体物ではありません。そこで，with chopsticks や with a pen などは「具体的な箸」や「具体的なペン」を思い描くことができます。一方，「手段」は方法なので手にするようなものではなく，公共手段の「バスで」は by bus，「タクシーで」は by taxi のように，冠詞のつかない不可算名詞になる傾向があります。一方，道具は手にすることができるものが多いので a key とか a pen のように可算名詞になるのがふつうです。

　理由・原因を表す場合も with だと必ず，**「…でもって」**という意味合いがあります。p.206の例の shiver with cold は，文字通り，「寒さでもって震える」ということです。「尊厳死をする」に当たる die with dignity の dignity（尊厳）のように抽象的な名詞の場合も，比喩的に「尊厳をもって（死す）」と with のコアが生かされています。寒さの cold や尊厳の dignity は不可算名詞ですが，with を使う限り，「寒さでもって」「尊厳でもって（尊厳を手にして）」という解釈になります。

with の指導アイデア

in

on

at

off

through

by

about/
around

across

along

over

under

above/
below

for

to

with

of

against/
from

その他

▌気づき活動

T :「誰かに怒っている」という場合，be angry に続く前
置詞は何だと思う？

S : 確か，be angry at だと思います。そう習いました。

T : うん。怒りの対象は，人だけでなく，物，状況，アイ
デアなど気に入らないものが含まれる。そこで，「彼
女はぼくに怒った」という状況は She got angry at
me. となるし，I was badly injured and angry at my
situation. なら「ひどくケガをしてしまい，その状況
に腹を立てた」という感じだ。でも，be angry with
という言い方も可能だよ。違いはわかるかな？

S : いえ，さっぱりわからないです。

T : She was angry at me. と She is still angry with me. を
比べてみよう。at は「ところ（場所）」そのものなの
で，ぼくが何かをしたか言ったかしてその場で怒りを
表したという感じ。一方，with は「ともに」なので，
また怒りが持続している感じだと理解すればよい。

S :「怒りが持続する」ってどういうことですか？

T : Mommy, why are you angry with me? ってどういう意
味かな？

S：「お母さん，どうしてぼくに怒っているの？」

T：そうだね。その場で瞬間的に怒ったというより，怒った状態が続いている感じだね。

理解活動

　以下は，オバマ前大統領がボストン爆破事件の被害者に向けて哀悼の意を表した英文です。with の使い方に注目しましょう。

Today our prayers are <u>with</u> the Campbell family of Medford. They're here today. Their daughter Krystle was always smiling. Those who knew her said that <u>with</u> her red hair and her freckles and her ever-eager willingness to speak her mind, she was beautiful, sometimes she could be a little noisy, and everybody loved her for it. She would have turned 30 next month. As her mother said, through her tears, this doesn't make any sense.

（今日，私たちの祈りはメドフォードのキャンベル家とともにあります。彼らは今日ここにおられます。彼らの娘のクリストルさんはいつも笑顔でした。彼女を知る人たちは，彼女の赤い髪とそばかす，そして常に自分の意見を積極的に話す彼女は美しく，時には少しうるさいところもあり，そのために誰もが彼女を愛していたと語ります。彼女は来月には30歳になるはずで

した。彼女の母親が涙ながらに述べたように，これは
まったく意味をなしません。）

　最初の with は，哀悼の意を表す際の決まり文句とし
て，Our prayers are with the Campbell family of Medford.
が使われています。私たちの祈りがキャンベル家の人たち
とともにある，ということです。2つ目の with はどうで
しょうか。with her red hair and her freckles and her ever-
eager willingness to speak her mind, she was beautiful とあ
るように，「赤い髪とそばかす，そして，自分の意見をい
つでも熱心に話す態度を伴って」が with の句の部分です。
それが理由で，「彼女は美しい」と述べ，「みんなが彼女の
ことが大好きでした」と続けています。その間に，
sometimes she could be a little noisy（時に少しうるさいぐ
らいのこともあったとしても）を挿入していますが，だか
らこそかえって彼女のことをみんな好きだったと続いてい
ます。この2つ目の with は，みんなが彼女のことを大好
きだった理由を述べるのに効果的です。

in

on

at

off

through

by

about/
around

across

along

over

under

above/
below

for

to

with

of

against/
from

その他

関連化活動

下の6つの例文の番号を，with の意味の広がりを示したネットワーク図の該当するボックスに入れましょう。

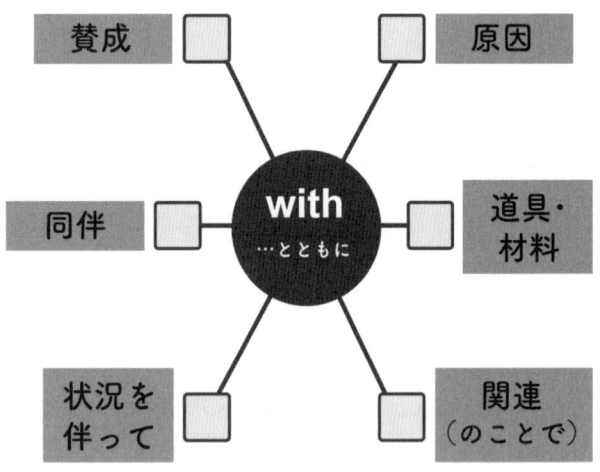

① Something is wrong with the computer.

② The mountain top is covered with snow.

③ The cat is shivering with cold.

④ Don't speak with your mouth full.

⑤ I'm with Professor Brown, the next special lecturer.

⑥ I'm completely with you.

①関連　②道具・材料　③原因　④状況を伴って　⑤同伴　⑥賛成

産出・自動化活動

in
on
at
off
through
by
about/
around
across
along
over
under
above/
below
for
to
with
of
against/
from
その他

My 単語帳

Name _____ Date _____

前置詞 with

課題 ここで学んだ with の用例を5つ選んで下線部に書き込みましょう。新たに用例を追加するとすれば何にしますか。自分で考えましょう。そして，コア・イメージを意識しながら用例の音読を5回以上しましょう。

with

…とともに

例文

_____

_____

_____

_____

_____

_____

---

of の教養

▌of のコア・イメージ

of は最も使用頻度の高い前置詞です。of と聞けば，日本語の「…の」を当てて訳すことが多いようですが，これだと the key to the door（ドアの鍵），the water in the glass（グラスの水），the label on the bottle（瓶のラベル）のようにうまくいかない場合がたくさんあります。「成功の鍵」も a key to success と of ではなく，to を使って表現します。

日本語では，「名詞＋名詞」の形で複合名詞を作る際には，「名詞の名詞」が一般的な規則になります。そこで，「新幹線の速度」「東京の庭園」「山の木々」だけでなく，「詩人の啄木」「上司の山田」「ぼくの性格」「月の満ち欠け」のように，「の」で２つの名詞をつなぐことができるのです。英語の of と日本語の「の」は，その性格は別物です。

of のコア（本質的意味）を表現すると，**「何かから出ると同時にその何かに帰属する」**という感じになります。

214

切っても切れない関係が of で示されるのです。イメージ
としては，以下のような感じになります。

in

on

at

off

through

by

about/
around

across

along

over

under

above/
below

for

to

with

of

against/
from

その他

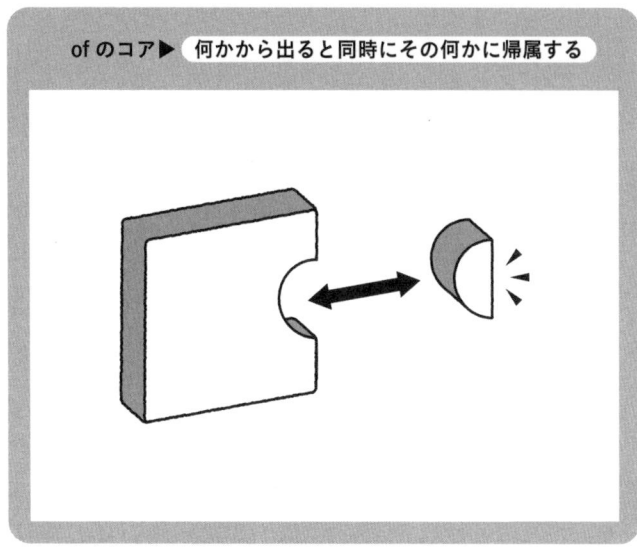

of のコア▶ 何かから出ると同時にその何かに帰属する

　両方向の矢印が帰属性と出所性の相互関係を示していま
す。そのどちらに強調点が置かれるかによって，of の用
法は展開します。「山の頂」は the top of the mountain と
いいますね。the top を話題の関心として切り出した表現
ですが，それは山に帰属します。だから，of なのです。

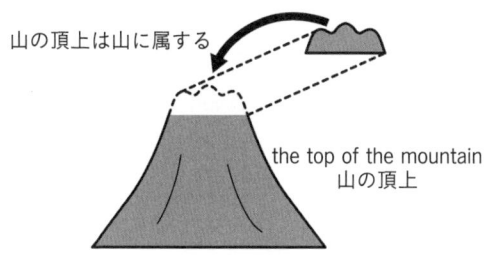

山の頂上は山に属する

the top of the mountain
山の頂上

同様に，「ビンの底」は the bottom of the bottle といいますが，「底」は「ビン」の一部です。ところが，「ビンのラベル」は，ラベルはビンの不可欠な要素ではないことから，ビンに付けたラベルと解して，the label on the bottle と on を使って表現します。

意味の展開

　「全体と部分の関係」に注目する表現の典型例は上述した the top of the mountain だとか the eyes of the bronze statue（銅像の目）ですが，「全体と部分の関係」が**数量**である場合，次のような使われ方をします。

> She read some of the most famous poems in Japan.
> （彼女は日本で最も有名な詩のいくつかを読んだ）
>
> Of the 98 people who took the test, only 7 passed.
> （98人のうち，たった7人が試験に合格した）

　「全体と部分の関係」が **「所属」** の意味合いを色濃く出す場合があります。その典型例は，

> He is a graduate student of Columbia University.
> （彼はコロンビア大学の大学院生です）

です。He is a graduate student at Columbia University. と

216

もよくいいますが，at だと「コロンビア大学で学ぶ学生」といった感じであるのに対して，of だと「所属」が強調され「コロンビア大学に所属する学生」といった感じになります。a story of romance は「恋愛のジャンルに属す物語」ということです。

なお，興味深いことに，大学名も，

- ・the University of Oxford
- ・Harvard University
- ・the University of Cambridge
- ・the University of Chicago
- ・Columbia University
- ・the University of California, Los Angeles（UCLA）

のように of を使うものとそうでないものがあります。A of B の B が地名である場合，**その地名が表す場所に属す（代表的な）大学**ということです。Harvard や Columbia は Harvard University, Columbia University といい，地名ではないため「そこに属す大学」の形で the University of Harvard や the University of Columbia という言い方ができないということです。同じように，東京大学は the University of Tokyo で，慶應大学は Keio University となります。

この「所属」の意味合いが強い of は応用として以下の

in
on
at
off
through
by
about/around
across
along
over
under
above/below
for
to
with
of
against/from
その他

ような形でも使われます。

（名詞＋ of ＋独立所有格）……の

That baseball player is a good friend of mine.

（その野球選手は私のよい友だちです）

（be ＋ of ＋名詞）……に属すものである

The matter is of utmost importance.

（その案件はこの上なく重要なものだ）

※ the matter of utmost importance の the matter を主
　語にした用法

「（BのもつA）……の」の例

I like the atmosphere of the tea ceremony.

（私はお茶会の（もつ）雰囲気が気に入っている）

The purpose of this course is to write as many essays
as possible.

（この授業の目的はできるだけ多くのエッセイを書く
ことです）

---

of の「出所」の部分を強調した表現も多数あります。
出所といっても帰属が想定されているから of であるとい
うところが大切です。出所を強調すれば「出身」の意味に

展開します。

> ・He is a man of Madrid.（彼はマドリッド出身だ）
>
> ・He is a member of an old family.（彼は旧家の出だ）

He is a man of Madrid. はあまり一般的な表現ではありません が、この of は「マドリッド出身であるが、同時にそこに帰属する」ことを含意するところに from との違いがあります。

出所を強調するのは「出身」だけではありません。**「何かから分離して」** という意味にも展開し、以下の形で使われます。

> The war deprived us of the basic human rights.
> （その戦争は私たちから基本的人権を奪った（戦争が私たちを基本的人権から引き離した））
>
> The man robbed me of important documents.
> （その男は私の重要な書類を奪った）

The man robbed me of important documents. の文では、「私を襲って（robbed me）、重要な書類から私を引き離す（of important documents）」という意味合いがあります。rob の場合は The man robbed me. という言い方も可能で

in

on

at

off

through

by

about/
around

across

along

over

under

above/
below

for

to

with

of

against/
from

その他

219

すが，deprive は常に deprive A of B の形で使います。こ
れらの of は「分離」の意味で理解されますが，**本来 B は**
A に属すべきもの」という含みが感じられます。

　「出所」は**「…から出て」**ということであり，以下の例
に見られるように「何かの素材や資質」が「もとになる」
場合もあります。

I want to live in a house of ice.
（私は氷の家に住みたい）

She supports a big family of five.
（彼女は5人からなる大家族を支えている）

He wants to make a jazz pianist of his daughter.
（彼は娘をジャズピアニストにしたいと思っている）

---

　a house of ice は「氷から生まれる家」という感じです。
a big family of five も「5人で構成される大家族」という
ことで，5人が家族の構成要素になっています。最後の例
は「娘から資質を引き出して，ジャズピアニストに仕立て
る」といったとらえ方をすると，of のはたらきが理解で
きると思います。

　「出所」といっても，**行為の出所**，**感情の出所**，**評価の**
出所が考えられ，次のような of の使い方が可能となりま
す。

in

on

at

off

through

by

about/
around

across

along

over

under

above/
below

for

to

with

of

against/
from

その他

行為の出所

She accused me of driving carelessly.

（彼女は私が不注意な運転をしたことで責めた）

My grandmother died of old age.

（祖母は老衰で死んだ）

感情の出所

I'm very proud of you.（君のことが誇りだ）

I'm afraid of snakes.（私は蛇がこわい）

評価の出所（It is ＋形容詞＋ of ＋ A ＋ to do の形で）

It's stupid of me not to be able to refuse their offer.

（彼らの申し出を断ることができなくて私は愚かだ）

「**行為の出所**」の例である She accused me of driving carelessly. では，[She accused me] of [driving carelessly]. のように分解すれば，She accused me（彼女が私を責めた）という行為の根拠（出所）が driving carelessly（不注意な運転をする）であり，それを of で示していると理解することができます。「**感情の出所**」の of は，「誇り」や「恐怖」の出所が of によって示されています。「**評価の出**

221

所」の例では，It's stupid of me not to be able to refuse their offer. だと me が stupid という評価の出所（対象）です。It's stupid for me to say so. との違いは，何かをすることに対して私の愚かなところに言及するのが前者（of me）であるのに対して，後者（for me）では何かが愚かであるという判断を示し，それを私に差し向け，その内容を to say so で示すという流れになっているということです。

of は A of B の関係において，A と B の切っても切れない関係を示します。そのため，of の「出所」「帰属」がさらに抽象化され，**「内容表示」「関連」「行為関係」「範囲限定」**などの意味関係を表すのに使われます。

内容表示

It's important to have a feeling of gratitude.

（感謝の（という）気持ちを持つことは大切だ）

関連

There are many theories of communication.

（コミュニケーションについての理論が多数ある）

That reminds me of my hometown.

（そのことが私に故郷を思い起こさせる）

行為関係（A of B で）A が行為を表す名詞の場合

The rising of the sun brings a new day.
（日の出は新しい一日をもたらす）

　a feeling of gratitude は「感謝という気持ち」という意味で a feeling の中身を gratitude で説明する構造になっており，**「内容表示」** の事例です。一方，theories of communication は「コミュニケーションという理論」ではなく「コミュニケーションについての理論」という意味で，この of は **「関連」** の意味合いを示します。That reminds me of my hometown. の of my hometown も「故郷に関して」という **「関連」** の意味を表していると考えることができます。inform A of B（A に B を知らせる）の of B も同様です。The rising of the sun brings a new day. では，the rising は行為を示す名詞であり，the rising of the sun だと「太陽が昇ること」の意味になります。この the sun は主語のような役割を果たします。一方，the investigation of the sun だと「太陽を観測すること」という意味で，the sun は目的語の役割を果たします。このように **「行為名詞 ＋ of ＋目的語」** における行為関係は文脈によって決まります。

　このように，意味的にとらえどころのない of の感覚をつかむには，そのコアである **「出所と帰属の相互関係」** に注目することが肝要です。コアを意識しながら，様々な状況で使われる of のはたらきを理解するようにしましょう。

in

on

at

off

through

by

about/
around

across

along

over

under

above/
below

for

to

with

of

against/
from

その他

of の指導アイデア

気づき活動

T：おそらく英語の前置詞で一番よく使われるのは of です。of の意味ってわかりますか。

S：日本語にすれば「の」になるのだと思います。

T：確かに「の」で通用することもあるけど，「の」を自動的に of にすることはできないよ。

S：えっ！ そうなんですか?

T：日本語だと 2 つの名詞を連結する際に「の」を使うね。「風呂の水」「車の時計」「そのドアの鍵」などのように。この中で，of で表現できるものはあるかな?

S：そういわれるとよくわかりません。全部 of で OK なんじゃないですか? 車の時計は the clock of the car，風呂の水は the water of the bath なんじゃないですか。

T：いや，車の時計は，車についている時計ということで the clock on the car となる。風呂の水も風呂の中に入っている水ということで water in the bath だね。そしてそのドアの鍵は the key to the door になる。

S：むずかしいですね。

T：A of B は A と B が切っても切れない関係にあるとき

に使うので，the top of the mountain は OK。頂上は
山の一部だからね。でも時計は車の一部ではない。
「私の車のハンドル」は the steering wheel of my car
と表現できる。ハンドルは車の一部だから。

理解活動

　以下は，教育哲学者 John Dewey の経歴を記述した文章
です。出身大学や教鞭をとった大学に注目してみましょう。

John Dewey was born in Burlington, Vermont, on
October 20, 1859. He attended <u>the University of
Vermont</u> and <u>Johns Hopkins University</u>, where he
earned his PhD in 1884. Dewey taught at the <u>University
of Michigan</u> from 1884–1894, <u>the University of Chicago</u>
from 1894–1904, and <u>Columbia University</u> from 1904–
1930.

（ジョン・デューイは，1859年10月20日にバーモント
州バーリントンで生まれた。彼はバーモント大学と
ジョンズ・ホプキンス大学に通い，1884年に博士号を
取得した。デューイは，1884年から1894年までミシガ
ン大学，シカゴ大学で教鞭をとった。1894年から1904
年まで，コロンビア大学には1904年から1930年まで在
籍した。）

どうしてシカゴ大学は the University of Chicago で，コ

in
on
at
off
through
by
about/
around
across
along
over
under
above/
below
for
to
with
of
against/
from
その他

ロンビア大学は Columbia University なのでしょうか。大学名で of を使うかどうかは何が決め手でしょうか。以下も見てみましょう。

the University of Oxford
Harvard University
the University of Cambridge
the University of California, Los Angeles (UCLA)

　A of B の形式は，B が地名である場合，その地名が表す場所に属す（代表的な）大学ということです。米国では州立大学は the University of Iowa（アイオワ大学）のように of を使う傾向があります。Harvard や Columbia は地名ではないため「そこに属す大学」という言い方ができません。同じように東京大学は the University of Tokyo で，慶應大学は Keio University です。「属す」という of がここにも見られますね。

関連化活動

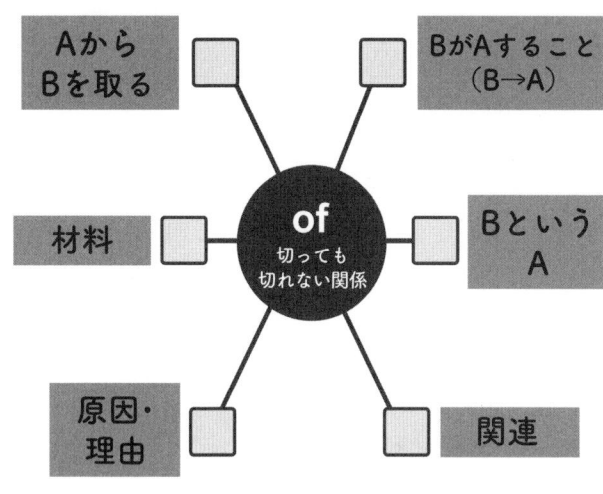

下の6つの例文の番号を，of の意味の広がりを示したネットワーク図の該当するボックスに入れましょう。

Aから
Bを取る

BがAすること
（B→A）

材料

of
切っても
切れない関係

Bという
A

原因・
理由

関連

① The traffic accident deprived her of her eyesight.

② We are waiting for the arrival of our guests.

③ We must tackle the problem of global warming.

④ The teacher informed us of the coming exams.

⑤ Many people still die of hunger.

⑥ This desk is made of wood.

①AからBを取る　②BがAすること　③BというA　④関連　⑤原因・理由
⑥材料

in
on
at
off
through
by
about/
around
across
along
over
under
above/
below
for
to
with
of
against/
from
その他

My 単語帳

Name ＿＿＿＿＿ Date ＿＿＿＿＿

前置詞　of

課題　ここで学んだ of の用例を 5 つ選んで下線部に書き込みましょう。新たに用例を追加するとすれば何にしますか。自分で考えましょう。そして，コア・イメージを意識しながら用例の音読を 5 回以上しましょう。

of

切っても切れない
関係

例文

＿＿＿＿＿＿＿＿＿＿＿＿＿＿＿＿＿＿＿＿＿＿＿＿＿＿

＿＿＿＿＿＿＿＿＿＿＿＿＿＿＿＿＿＿＿＿＿＿＿＿＿＿

＿＿＿＿＿＿＿＿＿＿＿＿＿＿＿＿＿＿＿＿＿＿＿＿＿＿

＿＿＿＿＿＿＿＿＿＿＿＿＿＿＿＿＿＿＿＿＿＿＿＿＿＿

＿＿＿＿＿＿＿＿＿＿＿＿＿＿＿＿＿＿＿＿＿＿＿＿＿＿

＿＿＿＿＿＿＿＿＿＿＿＿＿＿＿＿＿＿＿＿＿＿＿＿＿＿

against / from の教養

in
on
at
off
through
by
about/
around
across
along
over
under
above/
below
for
to
with
of
against/
from
その他

　ここでは，against と from の 2 つの前置詞のはたらきを見ていきます。どちらも意味的にはとらえやすい前置詞ですが，それぞれの意味の広がりに注目するようにしましょう。まずは，against です。

▌ against のコア・イメージ

　against は for と関連のある前置詞です。

> ・I'm for the plan.（私はその案に賛成だ）
> ・I'm against the plan.（私はその案に反対だ）

　は，for と against の違いを示しています。for は〈指をさす〉というイメージから「支持」の意味になります。against の場合はどうでしょうか。そのコアをイメージで表現すると，次頁のようになります。

　ある種の「緊張関係」が感じられるのが against です。そこで against の典型的な意味合いは，「**対抗する力・状**

229

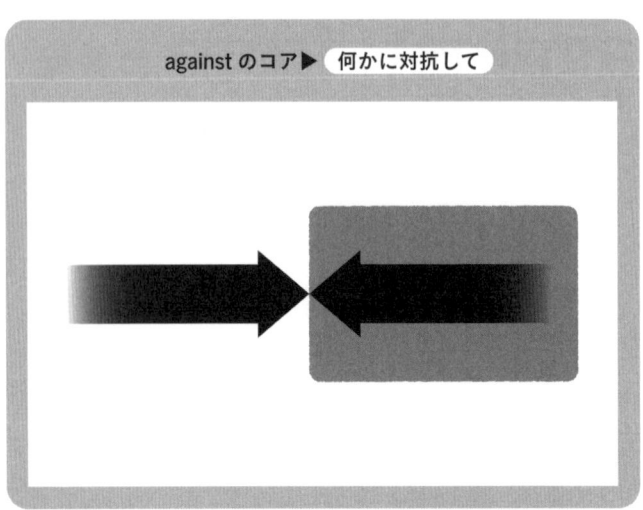

against のコア ▶ 何かに対抗して

況に対して」ということです。以下がその例です。

Let's move against the current.

（流れに逆らって進もう）

The ship sailed against the wind.

（その船は風に向かって航海した）

また,「窓に顔を押し当てて」とか「壁にはしごを立てかけて」といった状況でも against がぴったりです。

in

on

at

off

through

by

about/
around

across

along

over

under

above/
below

for

to

with

of

against/
from

その他

Put the ladder against the wall here.
(ここの壁にはしごを立てかけてくれ)

The kids are pressing their faces against the window to
see the parade.
(子どもたちは窓に顔を押しつけてパレードを見ているよ)

隣の部屋で口論をしているのが聞こえて,何を話しているのか壁に耳を当てて聞いてみようという状況では,次のように表現されるでしょう。

What are they fighting about next door? Maybe if I
place my ear against the wall…
(隣は何を争っているんだろうか。壁に耳を当てればわかるかも…)

ちなみに,「壁に耳を当てる」は put one's ear to the wall ともいいますが,against を使うことで「ぎゅっと強く当てる」という感じが出てきます。

■ 意味の展開

231

前述の通り，「緊張関係」を含意する against は for との対比で，**「…に反対して，…に反する」**という意味で使います。

I voted against the plan.
（その案に反対の票を入れた）

She had to leave school against her will.
（彼女は自分の気持ちに反して学校を辞めなければならなかった）

　2つ目の例の against one's will（意に反して）だけでなく，against one's principles（自分の主義に反して），against one's better judgment（だめだとわかっていて〔よりよい判断に反して〕）なども使用頻度の高い連語です。

　「何かに対抗して戦う」といった状況でも against がぴったりです。

Who are you fighting against this time?
（今回は誰と戦っているんだい？）

She won against incredible odds.
（彼女は信じられない賭け率をはねのけて勝利した）

以下は，Henry Ford の名句ですが，ここでも against の感覚が生かされていますね。

When everything seems to be going against you, remember that the airplane takes off against the wind, not with it.　　　　　　　　　[Henry Ford]
（すべてのことがうまくいかないように思えるとき，飛行機というものは風とともにではなく，風に逆らって離陸するものだということを思いだそう）

「敵と戦う」という状況では，They fought with the enemy. と They fought against the enemy. の両方が可能です。しかし，against を使うほうが「対抗して戦う」という意味は強くなります。fight with the enemy だと「敵との戦い」といった感じでしょうか。

against の「何かに対抗して」というイメージは「比較・対比」の場面にも応用することができ，その場合には**「…を背景にして」**という意味合いになります。

I like the way the flowers stand out against the background in this picture.
（この絵の中で背景に映えている花（の描き方）がいいね）

こうした背景の意味合いにおいてもコントラスト（対

in
on
at
off
through
by
about/around
across
along
over
under
above/below
for
to
with
of
against/from
その他

233

比）における緊張関係を読み取ることができます。

「万一に備える」という意味で次のように for と against といういわば相反する前置詞を使うことができます。

provide for a rainy day	provide against a rainy day
save for a rainy day	save against a rainy day

頻度的には for のほうがより一般的のようですが，両者にはニュアンスの違いがあります。つまり，for だと「まさかのときがくることを見越して，それのために備える」，against だと「まさかのときに対抗して備える」という意味合いがあります。「まさかのとき」を貯蓄などの目的としてとらえるか，対抗すべき状況としてとらえるかの違いです。

from のコア・イメージ

さて，今度は from を見ていきましょう。from は日本語の「…から」に相当します。わかりやすい前置詞ですが，against 同様に，意味展開については注目しておきたい点がいくつかあります。

まず，from のコアは **「物事の起点を示して」** です。基本は「動作の起点」を表す場所的な使い方です。

in

on

at

off

through

by

about/
around

across

along

over

under

above/
below

for

to

with

of

against/
from

その他

from のコア ▶ 物事の起点を示して

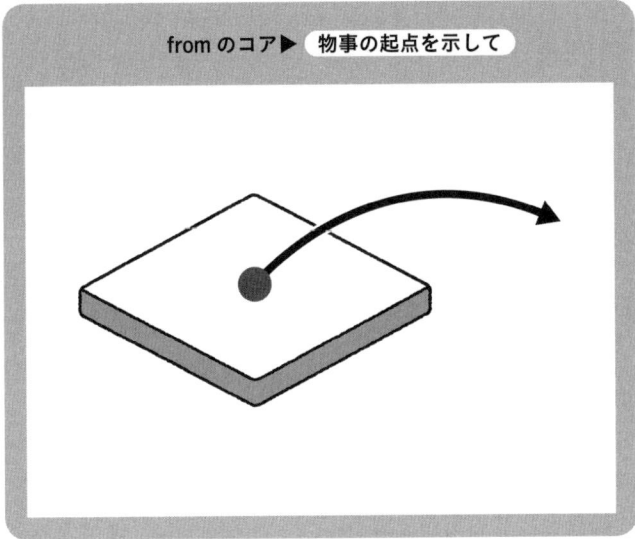

以下は from の基本的な用例です。

When I got up from the table, I felt dizzy.
(テーブルから立ち上がったとき, めまいがした)

Now, we have a report from the scene.
(現場からの報告です)

from A to B で使われることが多く,

How far is it from here to the nearest station?

といえば,「ここから最寄りの駅までどれぐらいの距離で

235

すか」という意味です。また，from A to B の形式で，A と B に同じ語を反復することで，from hand to hand（手から手へ），from door to door（ドアからドアへ），from place to place（場所から場所へ），from generation to generation（世代から世代へ）といった表現をつくりだします。

意味の展開

from の「物事の起点」というコアは，次のように応用されます。

起点としての出自・出所

I heard the scary story from a woman I work with.
（一緒に働いている女性からその怖い話を聞いた）

She came from a traditional Chinese family.
（彼女は伝統的な中国の家庭の出身だ）

距離・隔たりの1点

My house is just 500 meters (away) from hers.
（僕の家は彼女の家からたった500メートルのところにある）

物事の始まりの時点

The final game is from 8 p.m.

（決勝戦は8時から始まる）

We are open from Monday to Friday.
（月曜日から金曜日まで開店しています）

　これらはすべて「…から」という理解で問題はありません。同じ「出自」でも of の場合は「帰属」を前提とした「出自」であるのに対して from の場合は **「起点」としての「出自」** です。

　「時間の起点」 の from は過去・現在・未来のいずれの時間にも使用することができ，from yesterday, from today [now], from tomorrow はいずれも可能な表現です。

　from の意味の展開で少しわかりにくいのは **「素材」** と **「原因」** の from でしょう。

素材

This cake is made from rice and beans.
（このケーキは米と豆を原料にできている）

Wine is made from grapes.
（ワインはブドウからできる）

原因

Nobody wants to die from working too hard.
（誰も働き過ぎで死にたくない）

in

on

at

off

through

by

about/
around

across

along

over

under

above/
below

for

to

with

of

against/
from

その他

The disease cannot simply come from one virus.
（その病気はひとつのウイルスが原因だとは考えられない）

　「素材」の意味では out of を使うことも可能で，This cake is made out of rice and beans. や Wine is made out of grapes. と表現することができます。out of だと「何かが…から出てくる」という感じであるのに対して，from だと**「何かが作られるもと」**を表します。「…が原因で死ぬ」という場合，die of cancer（ガンで死ぬ），die of hunger（飢え死にする）のように die of が一般的です。of は原因と死が切っても切れない関係を表すからです。die from は上記の die from working too hard のように「過労」が起因となって，ある経過をたどって死に至るという意味合いになります。つまり，**起点なのでなんらかの経過をたどって**という意味合いが from にはあります。そこで「弾の傷が原因で死ぬ」という場合は die from gunshot wounds といいます。

　もちろん，死因が直接的か間接的かはむずかしい問題で，原因によって of か from が決まるわけではありません。むしろ，**「そもそものもととなる原因」なら from を，「過程を捨象して直結する原因」として表現する場合には of を**使うと考えるのが妥当だと思います。そこで die from cancer という言い方も可能です。ただ，その場合，病気を患った過程が連想されるでしょう。

from は,

From one point of view, you are right.
（ある点において，君は正しい）

のように **「判断のもと」** を表現する際にも使います。

なお，be different from は

She is different from me in many respects.
（彼女は私とは多くの点で異なります）

のようによく使われる連語ですが，この from は相違の基準（もと）を示しているものといえます。構文的に，from には副詞（句）や前置詞句を目的語にして **「物事の起点」** を表す表現があることにも注目しておく必要があります。

・from above（上から）
・from among the crowd（群衆の間から）
・from far away（はるか遠方から）
・from under the table（テーブルの下から）
・from within（内部から）

また，from と構文的に共起しやすいのは **「抑制」** の意味合いをもつ動詞です。

in
on
at
off
through
by
about/
around
across
along
over
under
above/
below
for
to
with
of
against/
from
その他

- abstain（（好ましくないもの）を慎む）
- ban（…を禁止する）
- discourage（…するのを思いとどまらせる）
- distract（…から（注意などを）そらす）
- exclude（…から締め出す）
- exempt（…を（義務などから）免除する）
- inhibit（（人に）…をさせないようにする）
- keep（…を慎む）
- prevent（…が（〜するのを）妨げる）
- prohibit（（人に）…することを禁止する）
- protect（（人を）…から守る）
- restrain（（人が）……するのを阻止する）
- stop（（〜が）…するのをやめさせる）
- withdraw（（〜を）…から退かせる）

　例えば discourage は「思いとどまらせる」という意味の動詞で「…から距離を置く」という意味合いが含まれるため from が使われます。このようにある動詞と相性のよい前置詞の選択についてもちゃんと理由があるのです。

その他の前置詞の教養

—「何かの間」「前後左右」を表すもの

in
on
at
off
through
by
about/
around
across
along
over
under
above/
below
for
to
with
of
against/
from
その他

　ここでは，これまで取り上げていない「何かの間」と
「前後」の関係を表す前置詞に注目したいと思います。

　何かと何かの「間（あいだ）」の関係は between あるい
は among で表すことは周知の通りです。この between と
among の違いは，辞書などを見ると，「between は，通常，
２項間での間を表し，among は３項間以上での間を表す」
と説明されています。この説明は，その通りです。しかし，
ここでは，それぞれがどのように使われるか，もう少し
突っ込んだ説明をしていきます。

between

　まずは，between です。この前置詞は，語源的には **'by
two'** であり，基本的には二者間の関係を示します。ここ
で注意したいのは，たとえ三者間以上でも**個々の関係（A
とB，AとC，BとCのような関係）に強調点が置かれる
場合は between を使う**ということです。

　between をコア・イメージで示すと次のようになります。

241

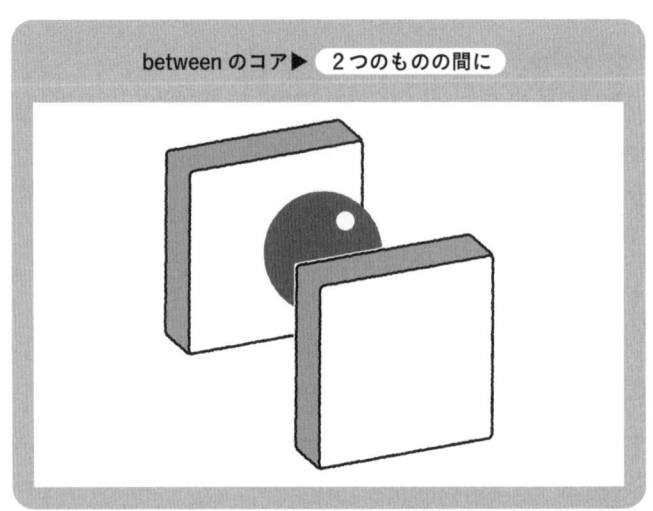

between のコア▶ 2つのものの間に

「2つのものの間」といえば，いろいろな状況を連想することができます。新しいテーブルを買って，それをどこに置こうかと考えた末に，「ソファとテレビの間に置こう」となれば，

Why don't we put this table between the sofa and the TV set?

となるでしょう。食事をしていて，何かが歯の間に挟まったという状況でも，

Something got in between my teeth.

と表現することができます。

242

たとえ，2つ（2人）以上でも，**2者間の関係**に関心が
いけば between を使うといいました。3人の兄弟が似て
いて区別がつかないという場合，

> They look alike. I don't see a difference between Tom,
> Dick, and Harry.

のように between を使って表現します。

　「…の間の（どちらかを）」 という状況で使う between
にも注目しておきましょう。

> If I have to choose between the two, I would rather
> choose the latter.

といえば，「もしどちらかを選ばなければならないのなら，
後者を選ぶ」ということですね。

> She came between them.

は，状況によっては「彼女が入ってきて，彼らの仲を壊し
た」という意味になりますが，2者間の間に入り込むとい
う感じからそういう意味が派生するのです。

　between の使用で意外なのが，**「…の間で（どちらとも
いえない）」** という状況で使う場合です。

in
on
at
off
through
by
about/
around
across
along
over
under
above/
below
for
to
with
of
against/
from
その他

> Lime is between green and yellow.

だと「ライム色は緑と黄色の間の色でどちらともいえない」ということですね。同じく,

> Her voice was something between laughing and crying.

といえば,「彼女の声は, 笑い声とも泣き声ともつかないものだった」という意味合いになります。何かに対しての返答を求められ,

> My answer is somewhere in between.

といえば,「私の答えはその間ではっきりいえない」ということですね。
　さらに,「…の間で（合わせて［共同で］)」という場合にも between を使うことができます。そこで,

> Between them, Jack and Naomi finished writing the final report.

といえば,「ジャックとナオミは協力して最終報告書を書き上げた」となります。

最後にもうひとつ「**AやらBやら（Cやら）で**」という状況で使う between の用例にも注目しましょう。ある著作業を職業とする人を指して、「雑誌社への原稿書きやら園芸やら犬の散歩やらで，彼は毎日の時間の大半を過ごす」という内容を英語で表現すれば，

Between writing for magazines, gardening, and walking his dog, he spends most of his time every day.

となります。

among

among の場合は，個別の関係というより，「**複数のものに囲まれている**」ということが強調される前置詞です。そこで among のコア・イメージは次頁のようになります。

典型的には，a shrine among the trees（木に囲まれた神社）のような使い方があります。なお，「囲まれて」という日本語には，「包囲された」とか「逃げ場のない」という意味がありますが，英語の among には，そうした意味合いはありません。

I couldn't find her among the crowd.

といえば，「人ごみの中で彼女を見つけることができなかった」ということです。同様の状況を in the crowd で表

in
on
at
off
through
by
about/
around
across
along
over
under
above/
below
for
to
with
of
against/
from
その他

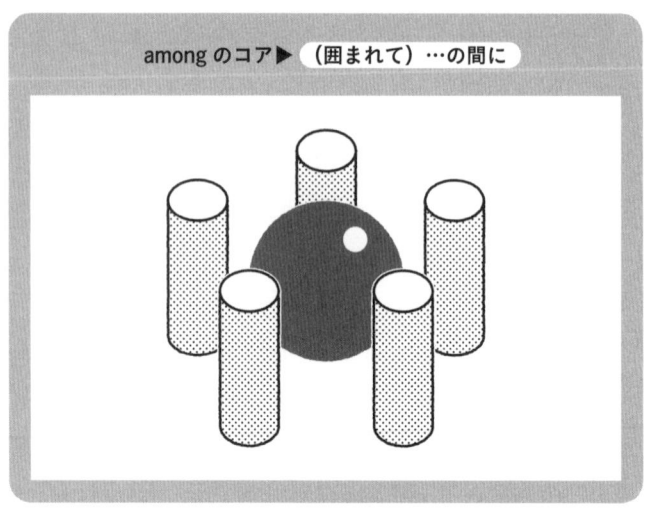

現することもできますが，among を使うと **「囲まれて」** の
意味合いが強くなります。

The king divided the country among his sons.

といえばどうでしょうか。「王は国を息子たちの間で分け
た」ということです。

There is a lot of fighting among the laborers.

も「労働者たちの間で喧嘩が絶えない」といった感じで
しょうか。誰と誰というよりも複数の労働者の間で喧嘩が
頻発するという感じです。同様に，

> The disease is very rare among young people.

といえば，「その病気は若者の間ではきわめてまれだ」と
いうことで，among の感覚が生かされています。「彼らは
ある問題について自分たちで議論した」という状況も，

> They discussed the matter among themselves.

のように among を使います。グループ討論ももちろん
discuss it among the group と among になります。

　もうひとつ，among の押さえておきたい用法とし
て「**(多数) の中の (ひとつで)，…の内に (数えられて)**」
があります。

> That is among the most influential theories in the 20th
> century.

がその例で，「それは20世紀で最も影響力のある理論に数
えられる」という意味になります。

> This is the best among Japanese restaurants.

のように最上級とともに使うことが典型例です。

in
on
at
off
through
by
about/
around
across
along
over
under
above/
below
for
to
with
of
against/
from
その他

Among the problems, climate change is probably the most difficult one to deal with.

(問題の中で，気候変動が取り扱いが最もむずかしい問題だ)

のような使い方もあります。

前後関係

前後関係を表す英語表現は，次のようにまとめることができます。

前	in front of/at the front of
後	behind/in back of/at [in] the back of

「前」にあたる表現に before がありますが，現代英語では時間表現に限定される傾向があります。

It is just before two o'clock when Howard gets back to his room.

(ハワードが部屋に戻ってきたとき，ちょうど2時前だった)

ただし，

in

on

at

off

through

by

about/
around

across

along

over

under

above/
below

for

to

with

of

against/
from

その他

> He loved his wife before anyone else.
>
> （彼はほかのだれよりも妻を愛した）

のような使い方はかなり一般的な表現のようです。

　さて，in front of と at (in) the front of の違いは何でしょうか。下の例を比べると両者の違いは際立つはずです。

> Don't stand in front of the car.
>
> （車の前に立ってはいけない）
>
> Sit at (in) the front of the car.
>
> （車の前部に座りなさい）

in front of the car だと，車の中に乗っていないことになります。ところが，at the front of the car だと車の中の前部という意味になり，意図される状況は大きく異なります。なお，車の後部座席は at the back となります。

behind と in back of

　behind と in back of の違いは微妙ですが，**対象がある物の後ろに隠れてしまっている**場合は behind が好まれ，**対象がある物の後方に見える**ときは，in back of が好まれる傾向があるようです。

behind：「…の後ろに」の意で一般的に用いられるが，特に対象が隠れて見えない場合には behind を使う傾向が強い。

in back of...：「…の後ろ（のほう）に」の意で，位置関係を表す場合，in front of... との対応関係にある。

教室で「私は彼の後ろに座っている」という場合は

I sit in back of him in class.

と in back of を使います。この状況で behind を使うことも可能です。「壁の後ろに見知らぬ人がいる」という状況だと，人が見えないということが強調されるため，

There's a stranger behind the wall.

と表現するでしょう。「駅の後ろに洗面所がある」とか「泥棒はあの建物の裏から入ってきた」という状況は，

There's a washroom behind the station.
The robber came from behind that building.

のようにやはり behind がぴったりです。また，「自分の後
ろを見なさい」だと in back of you ではなく behind you を
使って Look behind you. というほうが慣用的です。ただし，
ただ「後ろを向いて，振り返って」だと Look back. とい
います。また，過去を振り返るという意味合いでは Don't
look back. のように look back を用います。

　なお，at/in the back of... という言い方もありますが，こ
れは「…の後部に」の意で at the front of... と対応します。

There's no door at the back of the restaurant.

といえば，「レストランの奥にはドアがありません」とい
う意味です。

The suspect was in the back of the truck.

といえば「容疑者はトラックの後ろに乗っていた」という
意味です。これが in back of the truck になると，「トラッ
クに乗っておらず，トラックの後ろの位置」となり，意味
が異なります。「教室の後方に座っている生徒」は
students sitting at/in the back of the class といいます。

　ここでさらに注目したいのは，**in back of は空間的な意
味に限定されるのに対して，behind には意味の展開が見
られる**ということです。behind に「隠れて見えない」と
いう意味合いがあることから，比喩的に **「…の背後に」** の

in

on

at

off

through

by

about/
around

across

along

over

under

above/
below

for

to

with

of

against/
from

その他

意味で使うことができます。

> What's behind your smile?

は「なんで笑っているの」ということですが，直訳すれば「笑いの背後に何があるの」ということです。同様に，ある人から予期しない親切を受けたとき，「親切にして何を企んでいるんだろう」と感じた場合，

> What's behind his kindness?

と表現できます。What is the motive behind his kindness? ということですね。

「頭（心）の片隅には〜という思いがあった」という言い方が日本語にはあります。これを英語で表現しようとすれば，at [in] the back of one's mind がピッタリです。「頭の片隅で彼は浮気をしているのではないかと思った」だと，

> She thought at the back of her mind that he was cheating her.

のように表現することができます。

また，「…を後ろから応援して」のような状況でも，

> You can just go ahead, son. I'm behind you all the way.

（息子よ，どんどんやればよい．私がいつも応援して
いるから）

のように behind を使うことができます。

　behind でもうひとつ注目したいのは，**「〔時間〕…に
（から）遅れて，（競争において）…より遅れて」** という意
味合いでの使い方です。

I'm already an hour behind schedule.
（もうすでに予定よりも１時間遅れている）

がその例です。「その学生は家賃の支払いが遅れている」
という際にも behind を使い，

The student was behind with the rent.

のように表現することができます。

in
on
at
off
through
by
about/
around
across
along
over
under
above/
below
for
to
with
of
against/
from
その他

お わ り に

　日本人にとって英語の前置詞は最難関のひとつといわれます。本書は，重要な前置詞を取り上げ，それぞれの本質的な意味（コア）を軸に据えながら，意味の広がりがわかるよう説明を試みました。

　筆者は，これまで幾度も，中高生，大学生，そして成人を対象に前置詞について授業をしてきました。そうした経験を通して，本当に多くの学習者が前置詞では困っているということを実感しました。と同時に，「どうすればよいか」について考え，実践する機会も得ました。何が本当に問題かを明らかにし，それに対する問題解決法を提示する，これが，筆者が辿った試行錯誤でした。このことについて，本書の「はじめに」の部分との重複を恐れず，ごく簡単に説明してみます。

　ひとつの前置詞を取り上げた場合，英和辞典などを見るとたくさんの「意味」が載っており，そのひとつひとつを理解しようとするとわけがわからなくなります。with を引くと，fight with the enemy のような用例とともに「対抗」の「意味」が紹介されます。「対抗」といえば against がすぐに連想されますが，何が違うのか，という疑問が出てきます。in に「手段 (communicate in English)」が出てくると思えば，by にも「手段（by bus）」が出てきます。英和辞典を見ると，ひとつの前置詞に複数の意味（日本語

訳）があり，和英辞典を見ると，それぞれの「意味」にまた複数の前置詞が結び付いています。これが前置詞学習の問題となっていると気づきました。

そして，問題解決の方法として気づいたことは，ひとつの前置詞にはひとつの本質的意味（コア）があり，そのコアがいろいろな状況で使われるということです。英和辞典にある「意味」は前置詞が使われる「状況」ということです。だとすれば，コアを押さえ，それが応用される状況に当てはめる訓練をしたらどうかという指導法が生まれます。これを実践したところ，好評でした。

本書は，そうした経験を背景に記したものです。数年前，英語教育に関する世界最大規模の百科事典 *The TESOL Encyclopedia of English Language Teaching*（2018, Wiley）の企画があり，前置詞の指導と冠詞の指導について執筆する機会を得ました。これは，コア理論の妥当性を確認する上で，とても有用な機会でした。数々の研究を通して，コアを使った指導の効果に関する知見が蓄積されています。これらを総合し，自信を持って読者の方々に本書をお届けしたと思います。

最後になりますが，本書の出版を快く受け入れてくれ，手際よい編集力で読みやすい書籍に仕上げてくれた明治図書の大江文武氏に心から感謝の意を表します。

2024年 1 月

　　　　　　　　　慶應義塾大学名誉教授　田中茂範

【著者紹介】

田中　茂範（たなか　しげのり）

コロンビア大学大学院で教育学博士号を取得後，茨城大学と慶應義塾大学で35年間教鞭を執る。現在は，慶應義塾大学名誉教授，PEN言語教育サービス代表。認知意味論を軸足に据えながら，英語教育と探究学習の2つを実践の場としている。これまで出版した書籍は100冊を超え，代表的なものとして『認知意味論：英語動詞の多義の構造』（三友社），『コトバの「意味づけ論」』（紀伊国屋書店），『表現英文法増補改訂版』（コスモピア），『Eゲイト英和辞典』（ベネッセコーポレーション）が含まれる。英語検定教科書の作成にも30年以上かかわり，『PRO-VISION コミュニケーション英語』（桐原書店），現在は『New Rays 英語コミュニケーション』（いいずな書店）の代表編者を務める。

〔本文イラスト〕木村美穂

読むだけで授業が面白くなる
英語教師のための「前置詞」の教養&指導法

2024年2月初版第1刷刊　©著　者	田	中	茂	範
発行者	藤	原	光	政
発行所	明治図書出版株式会社			

http://www.meijitosho.co.jp
（企画）大江文武（校正）奥野仁美
〒114-0023　東京都北区滝野川7-46-1
振替00160-5-151318　電話03(5907)6701
ご注文窓口　電話03(5907)6668

＊検印省略　　　　組版所 株式会社木元省美堂

Printed in Japan　　　　ISBN978-4-18-247021-9
もれなくクーポンがもらえる！読者アンケートはこちらから